South American Archaeology Series No 12
Edited by Andrés D. Izeta

Variación Geográfica en la Morfología del Esqueleto Postcraneal de las Poblaciones Humanas de Pampa y Patagonia durante el Holoceno Tardío

Una Aproximación Morfométrica

Marien Béguelin

BAR International Series 2253
2011

Published in 2016 by
BAR Publishing, Oxford

BAR International Series 2253

South American Archaeology Series No. 12
Series Editor: Andrés D. Izeta

Variación Geográfica en la Morfología del Esqueleto Postcraneal de las Poblaciones Humanas de Pampa y Patagonia durante el Holoceno Tardío

ISBN 978 1 4073 0820 3

© M Béguelin and the Publisher 2011

The author's moral rights under the 1988 UK Copyright,
Designs and Patents Act are hereby expressly asserted.

All rights reserved. No part of this work may be copied, reproduced, stored,
sold, distributed, scanned, saved in any form of digital format or transmitted
in any form digitally, without the written permission of the Publisher.

BAR Publishing is the trading name of British Archaeological Reports (Oxford) Ltd.
British Archaeological Reports was first incorporated in 1974 to publish the BAR
Series, International and British. In 1992 Hadrian Books Ltd became part of the BAR
group. This volume was originally published by Archaeopress in conjunction with
British Archaeological Reports (Oxford) Ltd / Hadrian Books Ltd, the Series principal
publisher, in 2011. This present volume is published by BAR Publishing, 2016.

Printed in England

BAR titles are available from:

            BAR Publishing
            122 Banbury Rd, Oxford, OX2 7BP, UK
EMAIL   info@barpublishing.com
PHONE +44 (0)1865 310431
FAX   +44 (0)1865 316916
            www.barpublishing.com

A Papá, Mamá y Mami
A Pipina

Agradecimientos

Por los tiempos cuando decidí hacer un doctorado no sabía cuántas dificultades tendría que superar o ladear durante los siguientes seis años. Muchas personas, de diferentes maneras (algunas sin advertirlo), me dieron su ayuda para que pudiera finalizarlo. Agradezco a todas las personas e instituciones que hicieron posible que este trabajo terminara siendo una tesis doctoral.

El Consejo Nacional de Investigaciones Científicas y Técnicas, mediante una Beca Doctoral, la Facultad de Ciencias Naturales, brindándome lugar de trabajo en su Museo de La Plata, y la Fundación Antorchas mediante un subsidio de Inicio de Carrera nº 14116-111 otorgado a uno de mis directores, permitieron el desarrollo de mis actividades como tesista.

Desconozco el motivo por el cual los miembros de la familia suelen ser mencionados en último término en los agradecimientos de las tesis doctorales, pero en todo caso se sabrá disculpar mi ignorancia, me saltearé ese protocolo. Fernando Mi Esposo Archuby merece ser mencionado en este lugar. Ha sido mi guía, mi estímulo, mi apoyo infinitamente incondicional en todos los sentidos posibles, una condición necesaria.

Agradezco a mis directores, Gustavo Barrientos y especialmente Evelia Oyhenart -con su excelente predisposición para hacer frente a todas las situaciones- por su apoyo durante la realización de este trabajo.

Ivan Perez puso a mi disposición toda su ayuda (e hice enorme uso de ella) aportando su perspectiva evolutiva de los *patrones* y *procesos*, su visión clara y simple de los problemas biológicos, su esfuerzo, trabajo, paciencia, buen humor y el indispensable e invaluable empujón en la cuesta arriba del último tramo. Un optimista infatigable, gran tipo, sin dudas.

Mis compañeras de laboratorio y amigas, Florencia Gordón y Gabriela Ghidini, representaron para mí un fuertísimo apoyo logístico, imprescindible durante estos años. Desde lo humano fundamentalmente me han ayudado a que los momentos más duros se vieran casi blanditos. Además las dos me ayudaron en distintos aspectos del trabajo de tesis; Florencia me facilitó mucha bibliografía (que fue un gran alivio cuando se quemó mi PC) y me cedió valiosa crono-información inédita. También revisó la redacción de algunas partes de esta tesis. Gaby me inició en los métodos de estimación de la edad y fue siempre muy generosa en enseñarme sus conocimientos y compartir sus experiencias como parte del Equipo Argentino de Antropología Forense.

Valeria Bernal me brindó su ayuda de diferentes maneras. Haberme ofrecido su apoyo y sobre todo su confianza fue una provocación a no bajar los brazos. Paula Gonzalez ha sido la consejera de mi paso por la carrera de Postgrado. Siempre muy diplomática, invariablemente ha tenido un trapo frío para poner sobre mis asuntos. Su condición de sexóloga también me ha brindado una ayuda esencial en la determinación del sexo de los individuos. Ambas revisaron este trabajo y su valiosa contribución aportó a mejorarlo sustancialmente.

Le expreso mi gratificación a Fernando Biólogo Archuby, ahora por su formación profesional y su experiencia como docente en la Cátedra de Estadística, por las largas horas de estudio y discusiones sobre los procesos evolutivos.

Fabiana Skarbun, me dedicó su amistad, su familia, su visión arqueológica del asunto, bibliografía y secretos esotéricos de Excel y Word que sólo ella sabe -y ya he olvidado. Además, estando ella en el mismo tramo de la carrera que yo, ha sido la amiga comprensiva para descargar en charlas y quejas el ineludible stress doctoral.

A Mecha Santos le agradezco las largas charlas sobre la vida de un estudiante de postgrado de Naturales y sus implicancias en la vida real, fue un cable a tierra.

A mis amigas y amigos les agradezco *estar* a pesar de mi ausencia y en particular por ayudarme con mis hijos, Silvina Gómez, Josué Hidalgo, Lía Cabib, Gonzalo Márquez, Celeste Olsen, Marcela Ledesma, Matías Lelli, Antonella Berardi y Gustavo Eguarás.

Bárbara De Sántolo, Maruja Luna y Rocío García Mancuso me brindaron, además de su amistad, gratísima compañía en congresos, jornadas y pasillos.

A Mariano Del Papa le agradezco, en principio, que hiciera más llevaderas las horas de laboratorio y en los últimos tiempos, como curador de la colección, ha sido sumamente solícito en facilitarme el acceso a los materiales y a los catálogos de la División.

Fernando Archuby colaboró con una parte del tedioso trabajo que significa la bibliografía, descubrí que el ProCite y él hacen mejor equipo solos que conmigo.

El Dr Héctor Pucciarelli me permitió el acceso a la colección del Museo de La Plata, cuyos materiales forman la mayor parte de las muestras analizadas aquí. Andrés Di Bastiano también me ayudó con la búsqueda y la movilización de los materiales, que en su momento era una tarea muy ardua. Roque Díaz colaboró más de una vez con mi acceso a los materiales de la División y con otras cuestiones como abrir la puerta del laboratorio con martillo y cortafierro en ocasión de quedarme yo encerrada adentro.

A Solana García le agradezco su presteza en proporcionarme cualquier información, sobre todo en relación a la muestra de Sierra Colorada. Rafael Goñi me permitió y facilitó el acceso a esa muestra. Su gran sensibilidad propició que el trabajo fuera sumamente placentero, en el campo y luego en el gabinete.

Alejandro Acosta y Daniel Loponte me permitieron estudiar las muestras de Delta por ellos excavadas. Además contestaron a todas mis preguntas y me facilitaron la bibliografía sobre esas investigaciones. Bárbara Mazza me asistió en la toma de medidas de estos materiales y respondió pacientemente a todas mis dudas sobre la disposición de los enterratorios.

Lorena L´heureux posibilitó mi acceso a la muestra de Cabo Vírgenes en el IMHICIHU, DIPA, CONICET. Juan Bautista Belardi, Pamela Álvarez, Mateo Martinic, Alfredo Prieto y Pedro Cárdenas brindaron su ayuda al permitirme acceder a las colecciones a su cargo.

Cristian Favier Dubois y Carolina Mariano me facilitaron el acceso a la muestra del Golfo San Matías que excavaron junto a su equipo. Cristian me proveyó toda la bibliografía que generaron y fue muy gentil en contestar a todas mis e-preguntas que a veces se tornaron insistentes. Carolina no escatimó su tiempo, su casa, sus datos y sus recursos para atender a mis necesidades en todo momento.

Curadores, estudiantes, técnicos y responsables de repositorios de Patagonia me permitieron acceder a las colecciones osteológicas a su cargo, que forman parte de las muestras estudiadas en esta tesis: Antonia Peronja, Nestor Quilodrán (y padres), Hugo Pérez Ruiz, Victor León Forti, Lucía Stoyanoff, Gloria Arrigoni, Juan Marcos Andrieu, César Gribaudo, Marcela Villegas y el personal del Museo Desiderio Torres. A todos ellos les agradezco no sólo su ayuda profesional, facilitarme el acceso a los materiales y prestarme la infraestructura de sus instituciones, sino la amabilidad en recibirme, a mí y a mi familia, y hospedarnos o conseguirnos hospedaje. La solidaridad patagónica se hizo especialmente evidente cuando todas nuestras pertenencias fueran sustraídas en Trelew, el segundo día de viaje. Graciela Primo y Oscar Giovanelli también nos recibieron atenta y cariñosamente en su casa e hicieron que el mal trago pasara más ligero.

Jeff Schafer me ayudó con la versión en inglés del resumen.

Finalmente (terminé cumpliendo con el orden del protocolo), voy a agradecer a mi familia. Papá y Mamá (o Raúl y Sonia) no dudaron nunca en fomentar mi interés en la antropología. Y Mami, aunque sigue preguntándome por los dinosaurios o el cambio climático, siempre confió en mí ciegamente. Su enorme apoyo, fue no solamente acompañando desde lo moral a la distancia, sino en la práctica desde la logística. Más allá de que tener a sus nietos en casa es una alegría para cualquier abuelo, han hecho grandes esfuerzos para recibirlos durante temporadas enteras y aliviarme del trabajo doméstico.

Mi hermano mayor Zenón y su señora "Santa" Silvia también colaboraron inmensamente en ese sentido, sobre todo este último verano, cuando su casa se transformó en la colonia de vacaciones de mis hijos para que yo redactara este trabajo. Pedro, Yuquita, Wendy, José y Victoria también son tíos que siempre están dispuestos para las necesidades de una hermana-mamá "doctoranda". Mis cuñados/as Carla, Matías, Luis, Mercedes, Guido, Gustavo, Cecilia, María Laura y Hernán por supuesto que acompañaron.

Cecilia Grassi tuvo siempre una buena predisposición para ayudarme con mis hijos, el gran cariño que les brindó y el entusiasmo puesto en cada pequeña actividad es impagable.

Para expresar el inmenso y profundo agradecimiento que tengo con mis suegros necesitaría un capítulo más en esta tesis. César y Liliana son incondicionales. No se han inventado las palabras que necesito para poner claramente de manifiesto cuánto aprecio todo lo que hacen por mí y principalmente con el cariño que lo hacen, sin medir esfuerzos. La ayuda gigante que me prestaron permanentemente y en cualquier circunstancia es algo que me pone en deuda con ellos de por vida.

Iñaki y Arancha soportaron ausencias importantes de su mamá. En los momentos que estoy escribiendo estas líneas, Arancha cuenta los días que faltan para la entrega, Iñaki me manda a trabajar para asegurarse de que llegue en tiempo y forma. Les agradezco a los dos que me hayan apoyado desde sus lugares en este trecho de la carrera.

Las últimas líneas de agradecimiento son para Fernando Papá Archuby, que tomó las riendas de la casa para liberarme de cacerolas, guardapolvos y escobas.

Sin el constante apoyo de todos los mencionados, este trabajo no hubiera sido posible.

Resumen

El objetivo de este trabajo es abordar los patrones de variación morfológica de las poblaciones del Holoceno tardío de Pampa y Patagonia Continental a partir del esqueleto postcraneal con el fin de discutir los procesos evolutivos que habrían modelado los patrones observados. La hipótesis nula formulada indica que los procesos evolutivos aleatorios (*e.g.* deriva génica) serían responsables de la variación en el esqueleto postcraneal en la región de estudio. Como hipótesis alternativa se planteó la acción de procesos no aleatorios, como la selección direccional o fenómenos de plasticidad fenotípica relacionados con la temperatura, que explicarían una parte significativa de la variación encontrada.

Los análisis morfométricos se centraron en distancias lineales y diámetros o perímetros de las magnitudes de los huesos largos de los miembros, así como proporciones, para dar cuenta del tamaño y la forma del esqueleto postcraneal. A su vez, se puso énfasis en el uso de las dimensiones del fémur como *proxies* del tamaño corporal.

Con el objetivo de evaluar los patrones de variación morfológica entre las poblaciones, se empleó una aproximación analítica basada en la combinación de métodos comparativos espaciales (análisis de correlación simple y análisis de la partición de la variación) con aquellos derivados de la genética cuantitativa. Los métodos comparativos fueron empleados para establecer la asociación de las variables morfométricas con la temperatura media anual y la latitud. Asimismo, se evaluó la correspondencia entre la variación observada con las expectativas biológicas derivadas de los estudios experimentales.

Los resultados sugieren en principio una importante complejidad en las respuestas de distintos aspectos de la morfología con respecto a la temperatura. En particular, las medidas del miembro superior y el índice crural no presentan asociación con esta variable climática. Por el contrario, el miembro inferior, y las variables derivadas, *i.e.* masa corporal y estatura, se ajustan a un gradiente norte-sur que se acopla al gradiente climático en el mismo sentido: a medida que aumenta la latitud, disminuye la temperatura media anual y aumenta el tamaño.

Asimismo, el análisis de la partición de la variación indica que las diferencias en estatura y masa corporal son explicadas principalmente por la interacción entre ambiente y espacio, o variación ambiental espacialmente estructurada, sugiriendo que en general los fenómenos ambientales y espaciales no actuaron de manera independiente para modelar la divergencia morfológica entre las poblaciones estudiadas, sino que existe un efecto común entre la temperatura y el espacio.

La importancia de los factores ecológicos sobre la divergencia en la estatura y la masa corporal son corroborados por los resultados obtenidos del análisis de las tasas de divergencia para el miembro inferior. Estos análisis sugieren que la variación en el mismo sería explicada en parte por la acción de procesos no aleatorios que modelaron la divergencia inter-poblacional en Pampa y Patagonia. Esta prueba también corrobora la importancia de los procesos aleatorios para modelar la divergencia en el miembro superior.

La asociación de la variación en la estatura y la masa corporal con la temperatura se contrapone a las expectativas derivadas de los trabajos experimentales acerca de la influencia del estrés térmico durante la ontogenia. En consecuencia, la plasticidad fenotípica no constituiría el principal factor no aleatorio que habría dado forma a la diferenciación morfológica encontrada. Por el contrario, el patrón descrito se ajusta a un modelo de aumento de la masa corporal y la estatura, que implica una reducción de la pérdida de calor a partir de la disminución de la proporción superficie/volumen. Por lo tanto, la divergencia en el tamaño corporal con el clima podría explicarse como resultado de la selección direccional vinculada a las bajas temperaturas, incrementándose el tamaño medio de los individuos con la disminución de la temperatura.

Este estudio representa la primera aproximación regional y temporalmente delimitada en el sur de Sudamérica (31° a 54° Lat. Sur) acerca de la variación postcraneal durante el Holoceno (*ca.* 4.000 a 350 años AP). Esta región es el último confín continental poblado por los humanos modernos y tiene rangos moderados de variación en la temperatura –en relación con aquellos encontrados en otras regiones del mundo. Dadas las características particulares de la región estudiada, el corpus de datos y resultados obtenidos es significativo para describir los patrones y procesos de variación métrica postcraneal, así como para comprender la complejidad de los procesos de diversificación postcraneal en los humanos modernos.

Abstract

The goal of this dissertation is to assess the patterns of morphological variation in Late Holocene human populations of Pampa and Continental Patagonia from postcranial skeleton, in order to discuss the evolutionary processes that shaped those patterns. The null hypothesis indicates that random evolutionary processes (*e.g.* genetic drift) would explain the postcranial variation in the study area. The alternative hypothesis establishes that non-random processes, like directional selection or phenotypic plasticity, linked to temperature, would explain a significant amount of the variation described.

The morfometric analysis was based on linear distances and diameters or circumferences of long bones, as well as on ratios among measurements, with the aim of modelizing size and shape of the postcranial skeleton. We emphasize on the use of femur dimensions as proxies of body size.

The patterns of morphological variation among populations were evaluated from an analytic approach combining spacial comparative methods (simple correlation and variation partition analysis) with those derived from quantitative genetics. Comparative methods were employed to assess the degree of association of morfometric variables with mean annual temperature and latitude. Also, the agreement between observed variation and biological expectations from experimental studies was evaluated.

The results suggest a high complexity in the responses of different aspects of the morphology (with respect) to temperature. In particular, upper limb measurements and the crural index do not exhibit significant association with this climatic variable. Conversely, lower limb measurements and variables derived from them, *i.e.* body mass and stature, adjust to a north-south gradient that couple a climatic gradient: higher latitudes associate with lower temperatures and larger body sizes.

Likewise, the analysis of variation partitioning indicates that differences in stature and body mass are mainly explained by the interaction between environment and space, namely spatially structured environmental variation, suggesting that in general environmental and spatial phenomena did not operate independently to shape morphological divergence among populations, but there is a common effect between both, temperature and space.

The relevance of ecologic factors on stature and body mass divergence was corroborated after results of rates divergence tests for the lower limbs. The analysis suggests that its variation can be partially explained by means of the action of non-random processes that modelized the inter-population divergence in Pampa and Patagonia. The tests also corroborate the significance of random processes to shape the divergence pattern in the lower limb.

The association of stature and body mass variation with temperature contrasts with expectations derived from experimental studies about thermic stress influence during ontogeny. Consequently, phenotypic plasticity would not be the main, non-random factor responsible for the morphological differentiation described. Conversely, the pattern fits a model of body mass and stature increase with the consequent reduction in the loss of heat due to a decrease in the surface area/volume ratio. In this way, divergence in body size with respect to climate could be explained as the result of directional selection associated with cold temperatures, so that average size of individuals increased with lower temperatures.

This dissertation represents the first regionally and temporary delimited approach about the postcranial variation during the Late Holocene (*ca.* 400 to 350 years BP) in southern South America (31° to 54° of the southern latitude). This region is the last continental fringe populated by modern humans. It is moderate in terms of temperature variation –comparing with other parts of the World. Considering the particular characteristics of the study area, the data and the results obtained are significant to describe patterns and processes of postcranial metric variation, as well as to understand the complexity of the postcranial diversification processes in modern humans.

Índice

Agradecimientos iii
Resumen vii
Abstract ix
1. Introducción 1
2. Factores genéticos y ambientales en la conformación del fenotipo en humanos 3
    2.1 Conformación del tejido óseo postcraneal durante el desarrollo y crecimiento del individuo 3
    2.2 Componentes genético y ambiental de la variación morfológica 4
    2.3 Variación genética y ambiental en la variación morfológica postcraneal 5
3. Factores aleatorios (evolutivos) y no aleatorios (ecológicos) en la divergencia del fenotipo postcraneal entre poblaciones humanas 7
    3.1 Acción de los factores evolutivos sobre poblaciones humanas 7
        3.1.1 Patrones geográficos: la acción del flujo génico y deriva. 7
        3.1.2 Patrones geográficos: la acción de la Selección Natural 9
        3.1.3 Patrones geográficos: Interacción entre selección direccional y flujo génico. 9
    3.2 Clima y variación morfológica mundial en poblaciones no-industrializadas 9
    3.3. Modelos de tasa neutral 10
4. Desarrollo de las investigaciones sobre el esqueleto postcraneal en poblaciones humanas. 13
    4.1 Estudio de la variación morfológica postcraneal en Pampa y Patagonia 13
5. Ecología e historia evolutiva de las poblaciones de Pampa y Patagonia 17
    5.1 Ambiente y paleoambiente 17
        Clima actual y paleoclima 17
        Caracterización ambiental actual 19
        Los ambientes del Holoceno tardío. 19
6. Objetivos e Hipótesis 21
    Objetivos Particulares 21
    Hipótesis 21
7. Materiales 23
    7.1 Consideraciones generales sobre los materiales utilizados 23
    7.2 Criterios de formación de muestras. 23
    7.3 Descripción de las muestras por región 28
        Delta 28
        Buenos Aires 28
        Noreste de Patagonia 29
            Río Colorado 29
            San Blas- Isla Gama 29
            Río Negro 30
        Chubut Centro 30
        Chubut Sur 32
        Santa Cruz Costa (Norte) 32
        Santa Cruz Noroeste 32
        Sur Patagonia Continental 33
    7.4 Relevancia de las muestras analizadas para el estudio propuesto 34
8. Métodos 37
Selección de las variables 37
    8.1 Registro de datos y estimación de parámetros. 37
    8.2 Métodos estadísticos 43
        8.2.1 Análisis preliminares de los datos 43
            Datos atípicos (outliers) 43
            Datos perdidos 43
            Asignación de sexo. 44
        8.2.2 Análisis de la variación interpoblacional y su relación con variables climáticas 45
            Análisis bivariados 45
            Partición de la variación 46
            Prueba de Tasa de Divergencia 47
9. Resultados 49
    9.1 Análisis bivariados 49
        9.1.1 Miembro inferior 49
            Masculinos 49

   Femeninos 53
  9.1.2 Miembro Superior 56
   Masculinos 56
   Femeninos 57
 9.2 Partición de la variación 59
  9.2.1 Miembro inferior 59
   Masculinos 59
   Femeninos 60
  9.2.2 Miembro Superior 60
   Masculinos 60
   Femeninos 60
 9.3 Prueba de Tasa de Divergencia 61
  9.3.1 Miembro inferior 61
   Masculinos 61
   Femeninos 62
  9.3.2 Miembro Superior 62
   Masculinos 62
   Femeninos 62
10. Discusión 65
 10.1 Patrones de variación en el esqueleto postcraneal de poblaciones humanas de Pampa y Patagonia 65
 10.2 Causas de la divergencia morfológica en el esqueleto postcraneal de las poblaciones humanas de Pampa y Patagonia 66
  10.2.1 Causas de la variación en la forma corporal 66
  10.2.2 Causas de la variación en el tamaño corporal 67
11. Consideraciones finales 71
12. Referencias Citadas 73

1. Introducción

El objetivo general de este trabajo es abordar el estudio de la relación entre el clima y la morfología del esqueleto postcraneal de poblaciones humanas de Pampa y Patagonia Continental (*ca.* 33°-54° Lat. Sur), correspondientes al Holoceno tardío (*ca.* 4000 a 350 años cal. AP). El área de estudio representa una extensa zona geográfica, muy variable en términos climáticos, particularmente en sentido Norte-Sur, por lo que constituye un adecuado caso para evaluar diferentes hipótesis referidas a la relación entre variables climáticas, particularmente la temperatura, y la morfología del esqueleto postcraneal. Este es un problema escasamente tratado en la bibliografía especializada, pero que sin embargo en la actualidad ha cobrado relevancia en los estudios bioantropólogicos orientados a discutir la evolución y la adaptación de las poblaciones humanas a escala global y regional.

Desde su aparición en África tropical hace alrededor de 200.000 años, los humanos modernos se han dispersado virtualmente a todos los ecosistemas del mundo. La ocupación de ambientes tan diversos implicó para las poblaciones humanas el desarrollo de respuestas fisiológicas y morfológicas variadas, como consecuencia de la exposición a un amplio rango de estreses ecológicos. La acción de estas presiones selectivas explica, en parte, por qué *Homo sapiens* es una especie politípica tan diversa.

Una de las restricciones más importantes a la cual los humanos tuvieron que adaptarse es el estrés térmico (ver Katzmarzyk y Leonard, 1998 y referencias allí citadas). Para la mayoría de los organismos la temperatura externa es la presión climática más influyente. El cuerpo necesita establecer un equilibrio entre los ambientes interno y externo y, consecuentemente, han evolucionado mecanismos termorregulatorios (McNab, 1983; 1990). Un determinante clave para estos mecanismos en los animales homeotermos es la cantidad de área de superficie disponible para la radiación de calor (Ruff, 1994). En climas fríos las especies y poblaciones tienden a mostrar un área de superficie reducida por unidad de masa corporal por la cual el calor se puede liberar. Contrariamente, el ambiente externo cálido está asociado con aumentos en el área de superficie por unidad de masa corporal para facilitar el intercambio de calor. Basándose en este principio, en el siglo XIX se formularon dos modelos que describen cómo responde la morfología a la temperatura. Bergmann (1847) sugirió que en las especies de sangre caliente el tamaño corporal debería aumentar a medida que disminuyera la temperatura externa, dado que los organismos pequeños tienen proporcionalmente mayor superficie/masa comparada a la de un individuo voluminoso. La regla de Allen (1877), por otro lado, propone que las especies de sangre caliente residentes en ambientes con baja temperatura poseerían los miembros y otras extremidades corporales relativamente reducidas a fin de disminuir el área de superficie/masa y reducir la pérdida de calor. En este sentido, ambas reglas son complementarias al predecir los cambios en el tamaño (Bergmann) y la forma (Allen) corporal como dos modos diferentes de regular la proporción superficie/masa de acuerdo a la temperatura externa.

La mayoría de los estudios antropológicos sobre el esqueleto de poblaciones pasadas -desde los estudios tipológicos en los comienzos del desarrollo de la disciplina, hasta los estudios evolutivos más recientes- se centraron fundamentalmente en la morfología del cráneo. La relación entre la morfología postcraneana y el clima comenzó a ser un foco de interés para algunos grupos de investigación recién en la segunda mitad del siglo XX (Holliday, 1997a; Roberts, 1953; Ruff, 1991; Trinkaus, 1981). Dos estudios clave han impactado significativamente en el análisis de la diversidad morfológica humana actual como respuesta a la variación climática. Roberts (1953) correlacionó la estatura y el peso promedio de casi 150 muestras de poblaciones con la temperatura media anual de sus regiones respectivas y detectó correlación negativa significativa entre la masa corporal y la temperatura, como lo predice la regla de Bergmann. Asimismo, Roberts encontró que el impacto de la temperatura sobre la masa corporal es independiente de la estatura. El segundo estudio fue realizado por Katzmarzyk y Leonard (1998), quienes encontraron correlaciones significativas no solamente entre la temperatura y el tamaño corporal sino también entre la temperatura y la forma del cuerpo. Estos autores hallaron también que el peso, el índice de masa corporal y la estatura sentado relativa se correlacionan negativamente con la temperatura media anual, mientras que la proporción superficie/masa lo hacía positivamente. Esto indicaría que las poblaciones en climas fríos son en promedio más grandes, minimizan la proporción superficie/masa y poseen los miembros inferiores relativamente más cortos.

Más recientemente, se ha incrementado la cantidad de estudios locales orientados a analizar el postcráneo de poblaciones de distintas partes del mundo y de diferentes momentos (Carretero *et al.*, 1999; Cole, 1994; Jacobs, 1993; Kurki *et al.*, 2007; Pearson, 2000; Pfeiffer y Sealy, 2006; Sparacello y Marchi, 2008; Temple *et al.*, en prensa; entre otros). Este creciente interés por los estudios postcraneanos, propició la proliferación de bases de datos locales, que a su vez permitió que las investigaciones de los últimos años fueran orientadas a contrastar hipótesis más generales, tales como la determinación del modo en que el ambiente influye sobre la variación de la morfología del esqueleto desde una perspectiva ontogenética (*e.g.* plasticidad fenotípica) y adaptativa (a través de varias generaciones).

El conocimiento de la existencia, pasada y presente, de variación morfológica de las poblaciones humanas del continente Americano comienza con los estudios de Boas (1922). Uno de los pocos trabajos que aborda el estudio de la diversidad en la morfología del cuerpo en poblaciones del Nuevo Mundo fue el desarrollado por Newman (1953). Este autor señaló la existencia de un patrón de variación clinal en la masa corporal a lo largo de este continente, así como una alta variedad morfológica aún dentro de las regiones estudiadas. La mayor parte de los estudios posteriores que involucran al esqueleto postcraneal de las poblaciones americanas utilizan muestras de individuos adaptados a climas extremadamente fríos (*i.e.* Inuit), existiendo escasos trabajos que incluyan poblaciones provenientes de otras latitudes (a excepción del trabajo de Auerbach, 2007). De esto se desprende el conocimiento insuficiente por una parte, de la diversidad morfológica americana, particularmente previo al contacto con poblaciones europeas, y por otra, de la relación de estos rasgos con factores ambientales.

En América la escasez de datos llevó a muchos autores a concluir que en el continente la variación en la morfología postcraneal era muy reducida con respecto a la observada en Europa, Asia o África, debido al corto período transcurrido desde su poblamiento (*ca.* 15.000 años AP, Holliday, 1995). Recientemente, Auerbach (2007) informó que estas conclusiones pierden validez al examinar con mayor detalle la variación existente a lo largo del continente. Según el autor, la supuesta falta de variación responde más bien a la escasez de estudio de muestras de América que a la "falta de tiempo" para la expresión fenotípica de este tipo de adaptaciones.

Dada la amplitud de los rangos geográficos y la diversidad fenotípica, las poblaciones humanas americanas proveen la oportunidad potencial para discernir los efectos del ambiente sobre el fenotipo y discutir los factores subyacentes. En Sudamérica en general, y en Pampa y Patagonia en particular, sólo recientemente se han comenzado a realizar estudios sistemáticos tendientes al análisis y comprensión de la diversidad fenotípica que presentan las poblaciones humanas a nivel del postcráneo. A modo de ejemplo, Béguelin y Barrientos (2006) encontraron una correlación significativa entre la latitud y las proporciones corporales de poblaciones cazadoras recolectoras terrestres del Holoceno tardío en Patagonia continental y Tierra del Fuego. Pearson y Millones (2005), hallaron que tanto los grupos canoeros como los cazadores terrestres de Tierra del Fuego presentan tamaños corporales comparables con poblaciones adaptadas a los climas más fríos (ártico en el hemisferio norte).

La magnitud de la variación morfológica en Pampa y Patagonia, particularmente la variación craneofacial, ha sido relacionada con dos posibles factores causales: ancestría y ambiente. La primera explicación atribuye los patrones de variación observados en esta región al ingreso de dos componentes biológicos con un origen independiente en diferentes regiones de Asia (Lahr, 1995; Neves *et al.*, 1999). Sin embargo, los estudios moleculares indican un origen biológico común para las poblaciones de Sudamérica y por lo tanto no sustentan esta hipótesis (Bravi *et al.*, 2008; Dejean *et al.*, 2007; García-Bour *et al.*, 2004; Moraga *et al.*, 2000). A partir de estos datos se puede inferir que la variación morfológica responde al desarrollo *in situ*, como resultado de procesos como deriva y flujo génico, selección, efecto fundador y plasticidad en el desarrollo (Powell y Neves, 1999). Cabe señalar que hasta el presente, no se conocen para esta región estudios que diluciden cuáles de esos factores actuaron sobre los patrones de variación morfológica postcraneal.

Basados en las consideraciones anteriormente explicitadas, en este trabajo se abordó el estudio de la relación entre el clima y la morfología del esqueleto postcraneal de muestras del Holoceno tardío de Pampa y Patagonia, una región con amplia extensión geográfica en términos latitudinales y amplia variación climática. Se estudió la problemática de manera integral, incluyendo el relevamiento de 46 medidas de 10 elementos del esqueleto (específicamente miembros y cinturas), y el cálculo de índices y proporciones que dan cuenta directa o indirectamente de diferentes aspectos de la morfología postcraneal. El clima fue incluido como variable independiente a partir de la temperatura media anual. La otra variable independiente utilizada fue la latitud, que para esta región representa una medida indirecta de la similitud esperada entre las poblaciones por ancestría común o flujo génico (Bernal, 2008; Moraga *et al.*, 2000). A los efectos analíticos de reducir los factores que causan la diversidad morfológica, se seleccionaron muestras pertenecientes a poblaciones cazadoras recolectoras terrestres, a fin de mantener relativamente constante el modo de subsistencia (y así los posibles cambios morfológicos en respuesta a diferencias en la dieta, la movilidad, la demografía, etc.).

Se espera que los resultados de este estudio contribuyan en forma significativa a la comprensión de la historia microevolutiva de las poblaciones humanas tardías de la región de estudio, al tiempo que proporcionen información relevante y necesaria para la discusión de los patrones de diferenciación morfológica desde un punto de vista global.

2. Factores genéticos y ambientales en la conformación del fenotipo en humanos

La morfogénesis, crecimiento y desarrollo del hueso son procesos influenciados por varios factores a través de la ontogenia (Prentice, 2001) entre los que cuentan los genéticos (Klein et al., 2002; Prentice, 2001), celulares (Jee, 1986), hormonales (Churchill, 1998; Riesenfeld, 1976; 1978) y ambientales (Ruff, 2003; Ruff et al., 1994).

2.1 Conformación del tejido óseo postcraneal durante el desarrollo y crecimiento del individuo

Los tejidos esqueléticos, hueso y cartílago, son tejidos conectivos altamente especializados que constituyen el esqueleto de la mayoría de los vertebrados y se diferencian de otros tejidos conectivos por el predominio de material intercelular sólido. Las propiedades del tejido óseo permiten al esqueleto mantener la forma del cuerpo, proveyendo soporte mecánico y transmitiendo la fuerza de la contracción muscular de una parte a otra del cuerpo durante el movimiento en general y la locomoción en particular. Su rigidez protege a los tejidos blandos – principalmente órganos vitales internos. A su vez cumple una función hematopoyética alojando a la médula ósea en la cavidad medular de los huesos largos y espacios intertrabeculares del tejido esponjoso. Desde el punto de vista metabólico, el esqueleto reviste importancia en la regulación de los minerales del medio interno, ya que actúa como reservorio de iones, especialmente calcio y fosfato, para la preservación esencial de la homeostasis extracelular (Jee, 1986).

En particular, el hueso es un tejido vascularizado que consiste de células y una matriz extracelular mineralizada. El colágeno tipo I es el componente orgánico más importante de la matriz extracelular, mientras que la osteocalcina, la osteopontina y la osteonectina representan las principales proteínas no-colágenas. La fracción inorgánica del hueso está constituida, fundamentalmente, por cristales de hidroxyapatita (fosfato de calcio cristalino, mayor reservorio de estos minerales en el cuerpo)[1] (Hall, 2005).

Tres tipos de células producen y mantienen el tejido óseo. Los *osteoblastos* –células formadoras de hueso- operan en la superficie del hueso donde secretan colágeno y sustancia fundamental, influencian la producción de hidroxyapatita y modulan la actividad de las células reabsorbentes de hueso. Los *osteocitos* –principales células de los huesos totalmente formados- derivan de los osteoblastos que han segregado hueso a su alrededor (quedan alojados en regiones calcificadas). Estas células continúan siendo metabólicamente activas y están involucradas en la comunicación de información del ambiente interno del hueso. Los *osteoclastos* –células reabsorbentes del hueso- son responsables de la reabsorción (destrucción) selectiva del hueso, necesaria en la reparación de las superficies y en el remodelamiento óseo. Este proceso resulta en un sistema controlado de reabsorción de hueso seguido por formación de hueso, el cual modela el crecimiento y remodela el tejido existente.

El esqueleto cuenta con dos tipos de huesos, los planos (del esqueleto axial) y los huesos largos (del esqueleto apendicular), de mayor interés en esta tesis. Un típico hueso largo adulto consiste en un cuerpo cilíndrico central o diáfisis y dos extremos aproximadamente esféricos o epífisis. Conectando la diáfisis con cada epífisis se encuentra una zona con forma de cono denominada metáfisis. La diáfisis es de estructura principalmente compacta mientras que la epífisis y la metáfisis exhiben predominio de hueso trabecular en su interior, con una corteza de hueso compacto. Los huesos largos se desarrollan en longitud a través de un proceso de osificación endocondral dentro de un molde de cartílago (placa de crecimiento) localizado en los extremos de los huesos. Durante este proceso, en la porción diafisial de la placa de crecimiento, el cartílago madura, el tejido se calcifica y, subsecuentemente, es reabsorbido y reemplazado por hueso. Concomitantemente, nuevos condrocitos proliferan en la porción de la placa de crecimiento adyacente al extremo del hueso largo. Por este medio el hueso crece en longitud hasta que el individuo alcanza la estatura total. Hacia el final de la pubertad, la placa de crecimiento se calcifica completamente y se detiene el crecimiento longitudinal (Jee, 1986). Con respecto al crecimiento de otras estructuras como el cráneo, el crecimiento del esqueleto postcraneal es muy prolongado (Humphrey, 1998). Alrededor de los 7 y los 9 años sólo se ha alcanzado el 70% del tamaño adulto en la longitud de los huesos largos, mientras que el 90% del tamaño adulto se alcanza en promedio recién a los 15 años de edad. En los diámetros este porcentaje recién es alcanzado entre los 18 y los 23 años de edad. El ancho de los huesos largos se produce por osificación intramembranosa que involucra formación de hueso (aposición) en la superficie periostea (externa). La aposición periostea no se detiene en la pubertad, al contrario de lo que ocurre con la osificación endocondral. También ocurre aposición de hueso en la superficie interna de los huesos largos (endóstico). De este modo, el ancho de los huesos continúa modificándose lentamente durante la adultez.

El crecimiento y el desarrollo óseo están bajo control endocrino. Este control se ejerce a través de un complejo mecanismo de señales. Los vectores más destacados estan constituidos por ejes endocrinos tales como el hipotálamo-hipofisiario-somatotrópico, el hipotálamo-hipofisiario-tiroideo, el hipotálamo-hipofisiario-gonadal y el hipotalamo-hipofisiario-adrenal. Cualquier modificación sobre estos ejes endócrinos puede provocar modificaciones sensibles sobre el metabolismo y el crecimiento. El crecimiento óseo posee además controles a nivel local (autocrino y paracrino), los cuales están a su vez regulados por vía endocrina. Un ejemplo claro es planteado por

---

[1] El hueso, por ser un tejido mineralizado, posee una mayor probabilidad de preservación post mortem que los tejidos blandos. Esto los convierte, junto a los dientes, en las principales evidencias arqueológicas de las características biológicas humanas.

Chowen y colaboradores (2004) quienes informaron sobre el elevado nivel de complejidad de la modulación armónica del crecimiento por parte de los esteroides, a través de la multiplicidad de niveles de control que van desde la vía general hipotalámica e hipofisiaria que regula los niveles de producción y secreción de hormona de crecimiento (GH), la interacción con factores de crecimiento a nivel celular e intracelular, la modificación de las vías de señalamiento hasta la regulación de la expresión de receptores de membrana de las células de los tejidos blanco.

En este sentido, Jaffe y colaboradores (1998) demostraron la existencia de dimorfismo sexual en la regulación de secreción de GH en humanos, expresada a nivel central e involucrando tanto la pulsatividad espontánea de la GH, como la retroalimentación negativa por parte del factor de crecimiento insulínico tipo 1 IGF1. Los autores atribuyeron esta diferencia principalmente al papel predominante de la somatostatina SRIH (*somatotropin release inhibiting hormone*) hipotalámica en los varones respecto de las mujeres.

Desde el punto de vista de la biomecánica, los elementos óseos son estructuras controladas en función de las deformaciones provocadas por el uso, principalmente derivadas de las contracciones de la musculatura regional. La organización de sus elementos celulares provee el sustrato adecuado para el funcionamiento del sistema regulatorio retroalimentado que controla la dinámica de la deformación del hueso: los *osteocitos* sensan direccionalmente los vectores de deformación y envían mensajes inhibitorios o estimulantes, según el caso, a los *blastos* y *clastos* vecinos. El resultado es un constante modelado y remodelado de la estructura del tejido, tanto a nivel cortical como trabecular, que tiende lentamente a optimizar la eficiencia mecánica del diseño de las cortezas o de las tramas esponjosas, en función de la forma como el portador utiliza su esqueleto (Ferretti, 2007).

Los huesos sólo pueden manifestar dos procesos diferentes –la modelación y la remodelación– para optimizar esas propiedades. Ambas actividades resultan del trabajo celular, que está genéticamente determinado, pero también ambientalmente modulado por el entorno mecánico, que determina su orientación, y por el entorno endocrino-metabólico, estimulando o inhibiendo la formación o la reabsorción de hueso en forma sistémica, en función del vital control de la homeostasis mineral. (Ferretti, 2007).

Entonces, el crecimiento y la mineralización ósea normal son el resultado de un complejo interjuego de influencias celulares, hormonales, ambientales y genéticas. A su vez la sensibilidad a estos factores no es homogénea en diferentes regiones del esqueleto, como se ha demostrado en estudios longitudinales por ejemplo en las diáfisis de los huesos largos, que están más afectadas por efectos del ambiente que las superficies articulares (Ruff, 2005; Ruff *et al.*, 1991; Ruff *et al.*, 1993). Las dimensiones articulares serían menos sensibles a los efectos de las cargas mecánicas (peso corporal) y estarían bajo un control genético mucho más fuerte que el crecimiento de la diáfisis. A su vez, el tamaño de las articulaciones en el miembro inferior se corresponde con la masa corporal a la edad de madurez esqueletal (≈18 años) (Ruff *et al.*, 1991).

2.2 Componentes genético y ambiental de la variación morfológica

Los rasgos cuantitativos tienen una distribución continua y adquieren todos los valores posibles dentro de un rango determinado. Su control está dado por el efecto acumulativo de muchos loci génicos[2] y de las diferencias ambientales que experimenta cada individuo. Por lo tanto, la varianza de estos caracteres (V_f) se debe a la suma de la varianza genética (VG) y la varianza ambiental (VE). A su vez, estas dos últimas se pueden disgregar en varios componentes y en la interacción de ellos.

La varianza fenotípica es igual a la suma de la varianza debida a todas las causas, es decir ambiente (E), interacción genético-ambiental (GE), efecto genético aditivo (GA), efecto genético dominante (GD) e interacciones epistáticas (GI) entre diferentes genes (loci). En términos matemáticos puede decribirse como:

$$V_{total} = V_f = V_E + V_{GE} + V_{GA} + V_{GD} + V_{GI}$$

La heredabilidad (h^2) de un rasgo es la proporción de la variabilidad de ese rasgo dentro de una población que puede ser atribuido a la variación genética -como opuesta a factores ambientales- y la medida del error:

$$h^2 = (V_{GA} / V_f),$$

donde,

$$V_f = V_{GA} + V_E + Vm,$$

y donde V_f es la varianza fenotípica total, V_{GA} es la varianza genética aditiva, V_E es la varianza ambiental y Vm es la varianza debida al error de la medida (Falconer, 1986). Dado que la heredabilidad es una proporción, la estimación no es fija y puede variar, por ejemplo entre diferentes poblaciones y diferentes edades. Tales variaciones pueden reflejar diferencias en la partición de la varianza entre los varios componentes o diferencias en la variación fenotípica total. Si, por ejemplo, la varianza genética de un rasgo permanece igual pero aumenta la varianza ambiental, la varianza fenotípica total se hace más grande y la estimación de la heredabilidad disminuye. Además, la estimación de la heredabilidad depende de la precisión de la medida, ya que la medida del error contribuye al denominador. Si el error con

---

[2] Los numerosos genes responsables de la herencia poligénica de una característica particular están dispersos en el genoma. Sus posiciones se conocen como Locus de Rasgos Cuantitativos (QTL por sus siglas en inglés, *Quantitative Trait Locus*).

el cual el rasgo es cuantificado es alto, la estimación de heredabilidad es más baja.

2.3 Variación genética y ambiental en la variación morfológica postcraneal

Diversos estudios han documentado altos porcentajes de heredabilidad en el desarrollo de los huesos largos. Las contribuciones relativas de los factores genéticos y ambientales difieren según los rasgos analizados. Por ejemplo, hay considerable evidencia a favor del importante rol que juegan los factores genéticos en la determinación de la masa ósea (o densidad mineral ósea) a través de la vida (Arden *et al.*, 1996; Howard *et al.*, 1998; Prentice, 2001). Los valores de heredabilidad para ese rasgo varían entre 0,60 y el 0,70 (Prentice, 2001). Las variaciones en la dieta y otros factores ambientales (patrones de actividad física, fumar, consumo de alcohol, cantidad y composición de la dieta) contribuyen en valores de 0,30-0,40 de la varianza fenotípica total de la masa mineral ósea (Prentice, 2001). Por otro lado, en un estudio de mapeo de QTL del fémur, Klein y colaboradores (2002) mostraron que las estimaciones de heredabilidad para las propiedades geométricas de la sección transversal- corregidas para el tamaño corporal- fluctúan entre 0,69 y 0,76. Estos autores concluyen que los determinantes genéticos del tamaño de los huesos parecen ser completamente diferentes de aquellos que regulan la densidad mineral ósea [sin embargo, múltiples QTLs que afectan la longitud de los huesos se mapean frecuentemente en loci asociados con la densidad mineral ósea o el tamaño corporal total (Kenney-Hunt *et al.*, 2006; Norgard *et al.*, 2008)]

Algunas investigaciones han determinado que la longitud de los huesos largos está bajo un fuerte control genético. El equipo de investigación de James Cheverud ha desarrollado diseños experimentales con el objetivo de analizar el desarrollo y las bases genéticas de la variación en el crecimiento de los huesos largos. Los valores de heredabilidad oscilan entre 0,84 y 0,92, según los estudios experimentales realizados empleando técnicas de mapeo de QTL en poblaciones de ratones (Norgard *et al.*, 2008). En estudios experimentales con murinos (Kenney-Hunt *et al.*, 2006) se identificaron 52 QTLs para la longitud de los huesos largos que se asocian significativamente entre si y difieren de los que afectan a otros componentes del tamaño corporal (como el peso). De todos modos, no está claro aún qué procesos del desarrollo son responsables de la variación en la longitud de los huesos largos [*e.g.* si esa variación se debe principalmente a genes que afectan el patrón de desarrollo que actúan durante la aparición de los miembros, o a genes que afectan el tamaño de las condensaciones mesenquimáticas originales, o, más tardíamente, a genes que afectan el crecimiento en las placas de crecimiento de los huesos largos (Cheverud, 2004; Cheverud *et al.*, 1996; Kenney-Hunt *et al.*, 2006; Norgard *et al.*, 2008; Pavlicev *et al.*, 2008). Asimismo, debido a que las estimaciones de heredabilidad son específicas de cada población en un ambiente determinado, es esperable que las mismas varíen entre diferentes poblaciones humanas.

La plasticidad fenotípica constituye un elemento fundamental en el proceso de adaptación a factores ambientales. Entre los factores a considerar se incluyen el ambiente físico, biológico interespecífico (como la disponibilidad de alimentos y el riesgo de predación) e intraespecífico (como la competencia por los alimentos y el éxito reproductivo) (Gluckman y Hanson, 2006). Es así que, el medio interno debe interpretar las fluctuaciones ambientales y brindar respuestas durante todas las fases vitales del organismo.

Los cambios alométricos en relación al tamaño, el crecimiento ontogenético y la plasticidad fenotípica representan rasgos fundamentales en el desarrollo de los organismos adaptativamente asociados a las determinaciones del entorno (Schoenau, 2006; Wu *et al.*, 2003). Concordantemente, Dufty (2002) sostiene que el sistema endócrino interpreta las fluctuaciones ambientales para producir un rango de fenotipos a partir del mismo genotipo, constituyéndose un vínculo complejo entre el genotipo y el ambiente.

En este sentido, hay gran cantidad de evidencia que señala la influencia de factores ambientales durante el crecimiento y desarrollo de los huesos largos. Estudios morfológicos y experimentales indicaron que las áreas de la superficie articular de los huesos largos serían, en general, insensibles a los cambios en los niveles de actividad durante los últimos períodos del desarrollo y la adultez (Lieberman *et al.*, 2001; Ruff *et al.*, 1991). Sin embargo, durante el desarrollo temprano, algún grado de plasticidad presente en las articulaciones les permite ajustarse a los cambios en las cargas mecánicas del crecimiento postnatal (Frost, 1999). En cambio, como se mencionó más arriba, la influencia ambiental puede afectar de manera mucho más significativa a la forma de la diáfisis mediante los procesos de remodelación ósea.

Los estudios experimentales realizados por Riesenfeld (1973; 1981) analizaron los efectos ambientales extremos durante la ontogenia sobre el tamaño, la masa y las proporciones corporales en ratones. Estas últimas (longitud de huesos largos respecto al tronco y neurocráneo) responden a temperaturas extremadamente bajas -desde etapas tempranas del desarrollo (nacimiento)- con una disminución en la longitud de los huesos largos. Por el contrario, los grupos sometidos a ambientes extremadamente cálidos, presentan una elongación de los huesos largos (Riesenfeld, 1973). De manera similar, el peso corporal de los ratones responde a los efectos climáticos confiriendo mayor tiempo de supervivencia en temperaturas muy frías a aquellos animales de mayores tamaños corporales. En ambientes extremadamente cálidos sobreviven más tiempo los ratones de menor tamaño (Riesenfeld, 1981). Estos resultados reafirmarían, según el autor, la validez de las reglas termorregulatorias de Allen en el primer caso (aunque relacionada con la plasticidad fenotípica) y de Bergmann en el segundo (relacionada con factores heredables). Estos fenómenos son muy consistentes y se han experimentado en numerosas oportunidades con resultados similares (Lee et al., 1969; Serrat, 2007 y literatura allí citada) pero los mecanismos subyacentes responsables de este crecimiento diferencial aun están lejos de ser conocidos (Serrat et al., 2006).

Serrat y colaboradores (2008) advierten sobre la relevancia de la plasticidad en el crecimiento dada su importancia en los análisis evolutivos, ya que muchos caracteres que se han interpretado como adaptaciones podrían deberse a efectos de la temperatura ambiente durante la ontogenia. Estos autores analizaron el crecimiento en ratones, particularmente de los miembros, con relación a la temperatura y sugirieron que los cambios vasomotores probablemente modulan el crecimiento de las extremidades de manera indirecta, *i.e.* por medio de sus efectos sobre la temperatura de los miembros, más que a través del aporte vascular de nutrientes. Las distribuciones geográficas de las longitudes de los miembros pueden representar una compleja amalgama de asimilación genética (Waddington, 1942) luego de generaciones de selección, combinadas con respuestas a la exposición directa a la temperatura ambiental.

Otros factores ambientales que afectan el tamaño y la forma corporal de la adultez están relacionados con restricciones prenatales y nutricionales durante el desarrollo temprano. Quintero y colaboradores (2005) y Quintero (2008), analizaron el crecimiento postnatal y la maduración ósea de ratas con retardo prenatal del crecimiento y los efectos de los tratamientos con hormona de crecimiento y hormonas sexuales. Sus resultados indican una modificación en el crecimiento alométrico y en el dimorfismo sexual. Con respecto a los objetivos de esta tesis, es destacable además la presencia de recuperación del tamaño y la forma corporal con crecimiento compensatorio y completo en hembras e incompleto en machos y un crecimiento postcraneano compensatorio, completo en hembras e incompleto en machos. Oyhenart y colaboradores (1996) y Pucciarelli y Oyhenart (1987) mostraron que la ingesta de dietas pobres en proteínas durante ontogenia temprana afecta el crecimiento de los huesos largos y el tamaño corporal general (ver también Pucciarelli et al., 1983).

En síntesis, la información disponible indica que los huesos largos presentan valores elevados de heredabilidad, entonces sería esperable que las diferencias morfológicas entre poblaciones reflejen factores aleatorios y no aleatorios que actúan sobre la variación heredable. Sin embargo, la respuesta plástica de los huesos largos a la influencia ambiental, observada tanto en estudios experimentales como comparativos (Riesenfeld, 1973), junto con el prolongado período de crecimiento que presentan estas estructuras óseas en el hombre y la continua remodelación durante la etapa adulta, sugieren que los factores ambientales durante la ontogenia podrían tener un rol importante en la variación morfológica de los huesos largos.

3. Factores aleatorios (evolutivos) y no aleatorios (ecológicos) en la divergencia del fenotipo postcraneal entre poblaciones humanas

3.1 Acción de los factores evolutivos sobre poblaciones humanas

La variación biológica entre los grupos humanos, su origen, permanencia en el tiempo, distribución en el espacio e importancia desde el punto de vista evolutivo son cuestiones comunes a toda la Antropología Biológica. Uno de los objetivos centrales de esta disciplina es dar cuenta de los patrones que caracterizan dicha variación a partir de aproximaciones morfológicas con el fin de comprender los factores que le dieron origen (Ackermann y Cheverud, 2004; Lynch, 1990; Relethford, 1994). Numerosos factores actúan sobre las poblaciones resultando en cambios en las características fenotípicas (*v.g.* morfológicas, fisiológicas, moleculares). Ellos involucran procesos evolutivos que actúan en las poblaciones de manera aleatoria -mutaciones, deriva y flujo génico- o no aleatoria -selección-, pudiendo actuar de manera combinada (Mielke *et al.*, 2006). Es esperable que el efecto que provoquen sobre ellas esté en relación con las características demográficas de los grupos, su grado de movilidad y el tiempo transcurrido desde su divergencia, entre otras (Cheverud, 1982; Sherwood *et al.*, 2008). Diversos modelos fueron formulados para explicar el efecto de los procesos evolutivos sobre la variación heredable poniendo el énfasis en uno [*i.e.* selección (Coyne *et al.*, 1997; Fisher, 1930)] o en la combinación de más de uno de ellos [(Wright, 1932); ver Coyne et al (2000) para una discusión sobre la preponderancia del rol de estos factores en la evolución].

Los procesos no aleatorios, *i.e.* las presiones selectivas, pueden dar lugar a alteraciones en el fenotipo que son interpretables en términos de adaptaciones, aunque dadas las múltiples presiones selectivas que actúan simultánea e interactivamente sobre el fenotipo es difícil -si no imposible- atribuir, a través del método comparativo, un cambio fenotípico a una presión selectiva en particular (en el sentido de Gould y Lewontin, 1979). A su vez, como se mencionó en el Capítulo 2, los fenotipos tienen distintos niveles de respuesta a las influencias ambientales (canalización, Waddington, 1942) y rangos de variación heterogéneos (restricciones del desarrollo, Maynard Smith *et al.*, 1985). Asimismo, los diferentes rasgos pueden estar genéticamente vinculados [pleiotropía, (Norgard *et al.*, 2008)] modificando u oscureciendo su capacidad de respuesta al ambiente (Hallgrimsson *et al.*, 2002).

Los procesos aleatorios, por su parte, generalmente actúan en el espacio, resultando en un balance de factores tendientes a producir diferenciación genética local y factores tendientes a producir homogeneidad genética entre las poblaciones. La mutación y la deriva genética debida al tamaño finito de la población llevarán a una diferenciación genética de poblaciones locales, mientras que el movimiento de gametas, individuos y poblaciones enteras (*i.e.* flujo génico) actúa oponiéndose a esa diferenciación. El flujo génico puede restringir la evolución evitando la adaptación a condiciones locales, o promover la evolución dispersando nuevos genes y combinaciones de genes a través del rango de una especie (Slatkin, 1987).

3.1.1 Patrones geográficos: la acción del flujo génico y deriva.

El flujo y la deriva génica, en conjunto o de manera independiente, pueden generar patrones geográficos de variación. Entre los modelos propuestos para explicar los patrones generados por estos procesos el de aislamiento por distancia (Wright, 1943) ha sido uno de los más estudiados. Este puede ser descripto como la tendencia a la acumulación de diferencias genéticas locales bajo condiciones de restricción geográfica en la dispersión de los individuos (Kimura y Weiss, 1964; Malecot, 1955; Slatkin, 1993; Wright, 1943). Slatkin (1993) a partir de modelos analíticos indica que tanto en poblaciones en equilibrio como en poblaciones que no están en equilibrio (con respecto a deriva génica y flujo) la magnitud del flujo génico se relaciona con la distancia geográfica (*i.e.* a mayor distancia entre poblaciones menor flujo). De este modo, en las poblaciones locales geográficamente más cercanas el efecto homogeneizante del flujo génico tenderá a reducir la varianza de las distancias genéticas entre las poblaciones. A medida que aumenta la distancia geográfica, el efecto homogeneizante del flujo tendrá menor influencia en relación con la deriva y las poblaciones se diferenciarán unas de otras, resultando en una mayor variación en las distancias interpoblacionales con el aumento de la distancia geográfica entre poblaciones (Hutchison y Templeton, 1999). Sin embargo, en sistemas reales existen muchos otros factores no controlables actuando de modo que este patrón no puede asignarse al modelo de aislamiento por distancia de manera unívoca (Slatkin, 1993). De todas maneras, se espera que cualquier especie con dispersión restringida haya experimentado algún tipo de aislamiento por distancia.

Asimismo, Slatkin (1993) desarrolló, de manera teórica, dos modelos acerca de la historia evolutiva en poblaciones en no equilibrio que pueden explicar el desarrollo de un patrón de aislamiento por distancia. El primer modelo es el de radiación que consiste en una población ancestral que dio origen a todas las poblaciones existentes en un momento τ en el pasado. De este modo, antes de la radiación (τ) existe una única población panmíctica. El modelo contempla una rápida expansión del rango geográfico, que podría considerarse casi instantánea en términos del tiempo involucrado en los cambios genéticos. Si el tiempo transcurrido desde τ fuera muy corto, todas las poblaciones locales serían similares genéticamente (Figura 3.1A) y no se observaría una estructura espacial interpretable como aislamiento por distancia. Por el contrario, si el tiempo transcurrido desde τ fuese mayor, y a lo largo de ese lapso temporal hay un arreglo espacial uni o bidimensional de poblaciones locales adyacentes intercambiando genes a una tasa dada, la estructura de diferencias genéticas entre las poblaciones locales sería similar a un modelo tipo *stepping-stone* en equilibrio en el que un cline o el aislamiento por distancia sería evidente (Figura 3.1B y 3.1C), dependiendo del tiempo transcurrido desde τ.

El segundo modelo descrito por Slatkin (1993) plantea un escenario de expansión más gradual que el anterior. En un momento τ en el pasado existe una población local que da origen a otra población local vecina. Luego de un tiempo Δτ la nueva población local da origen a otra población local y así sucesivamente. Este proceso genera una ordenación geográfica tipo *stepping-stone*. Si no hay flujo génico posterior entre las poblaciones locales, este proceso resulta en un patrón que puede ser interpretado como *efecto fundador serial* (Figura 3.1B; Excoffier, 2004; Ramachandran *et al.*, 2005). En cambio, si hay flujo génico, se establece aislamiento por distancia en una o dos dimensiones en el espacio. En estos casos el patrón de relación entre las distancias biológicas y geográficas puede ajustarse a un patrón clinal, caracterizado por la relación lineal entre ambas variables (Figura 3.1B), o de tipo aislamiento por distancia, en el cual esta relación lineal es observable sólo hasta una distancia geográfica determinada, después de la cual la distancia biológica varía de manera independiente (Figura 3.1C; Barbujani, 2000).

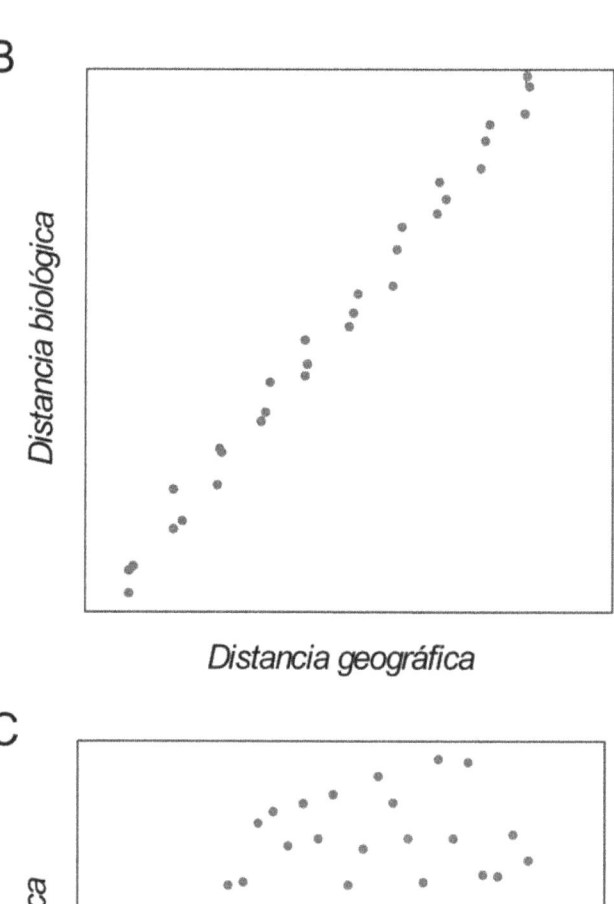

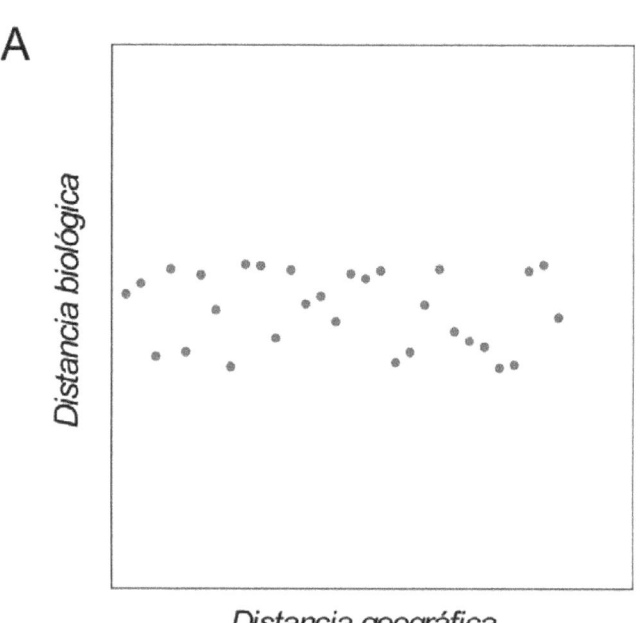

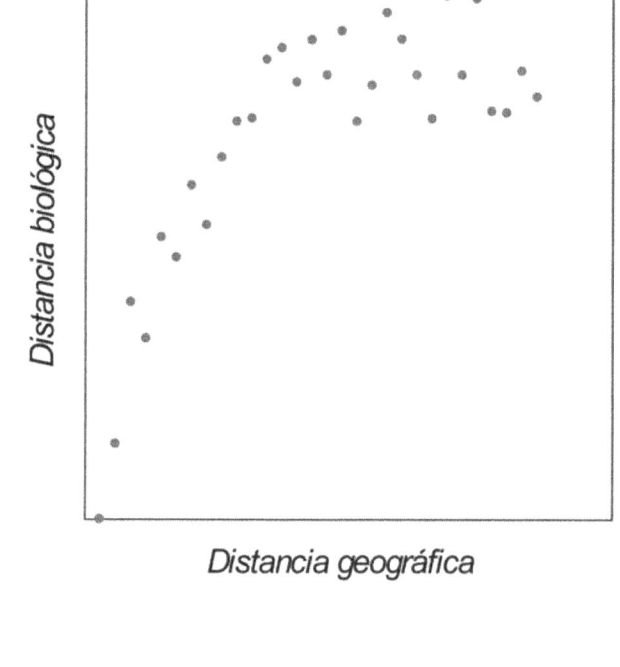

Figura 3.1. Relación entre la distancia biológica y la distancia geográfica ante diferentes modelos de diferenciación poblacional. A) Modelo aleatorio; B) Variación clinal; y C) Modelo de aislamiento por distancia.

3.1.2 Patrones geográficos: la acción de la Selección Natural

La acción de la selección natural es compleja y surge de las numerosas maneras en que operan los factores ecológicos y otros agentes de selección, así como de las diversas relaciones entre la variación en los fenotipos (que sobreviven y se reproducen) y los genotipos (que transmiten los efectos de la selección a las subsecuentes generaciones). La relación entre fenotipo y *fitness* se puede modelizar como alguna de las siguientes tres formas de selección. La *selección estabilizadora* elimina los fenotipos que se desvían demasiado del óptimo (es normalizadora, reduce la variación y lleva a la simetría alrededor de la media del caracter). Este proceso es esperable en ambientes estables donde los cambios fenotípicos normalmente producen fenotipos menos ajustados. La *selección direccional* favorece los fenotipos de un extremo del rango de variación (hacia un nuevo óptimo) y en detrimento de uno de los extremos del rango, provocando que la media del caracter cambie hacia ese óptimo. Esto puede ocurrir luego de un cambio en el ambiente (un rasgo originalmente ventajoso puede ser desventajoso en el nuevo ambiente). Finalmente, la *selección disruptiva* es diversificadora, selecciona en contra del fenotipo medio y favorece a los fenotipos extremos (Futuyma, 1998; Winter *et al.*, 2002).

La selección direccional ha sido empleada para explicar la variación geográfica entre poblaciones. Los clines observados en diferentes áreas geográficas (*i.e.* patrones espaciales repetidos consistentemente) han sido interpretados como el resultado de selección (Futuyma, 1998). En estos casos, la variación geográfica es más informativa cuando un rasgo está estadísticamente correlacionado con un factor ambiental (Futuyma, 1998).

3.1.3 Patrones geográficos: Interacción entre selección direccional y flujo génico.

En un escenario de equilibrio entre selección y migración para un alelo, el flujo génico cambia las frecuencias alélicas en una dirección que se opone a la selección natural. De este modo, cada población queda adaptada de manera sub-óptima (fenómeno denominado *carga de migración*). En este contexto, cuando la migración es muy alta se produce la pérdida de los polimorfismos. Este proceso se conoce como "empantanamiento génico" (*gene swamping*) y consiste en la pérdida de variación genética en un locus bajo selección por causa de una alta tasa de flujo génico (Lenormand, 2002). En un modelo de aislamiento por distancia que también considere a la selección natural, si bien el flujo génico tiende a oponerse a los efectos de la selección local y como consecuencia limita la adaptación, el mismo flujo podría actuar alimentando las poblaciones locales y la variación genética local, dos prerrequisitos de la selección natural (Lenormand, 2002). Por el contrario, bajo la acción exclusiva de la selección natural, los individuos tienden a adaptarse a las condiciones ambientales locales. Dicho patrón se denomina *adaptación local*, y se entiende como un desempeño (*performance*) promedio superior de los individuos nacidos en dicho hábitat en comparación con inmigrantes (Lenormand, 2002).

El efecto negativo del flujo génico sobre la adaptación depende fuertemente de cómo varía la selección en el espacio (*i.e.* en los modelos en los que la dispersión está relacionada con la distancia es esencial especificar cómo varía la selección con la distancia). Por ejemplo, en el modelo formulado por Felsenstein (1977, en Lenormand, 2002) en el que el óptimo para un rasgo cuantitativo varía linealmente a lo largo de una única dimensión, la media poblacional del rasgo en algún punto de esa línea alcanza el óptimo ya que los aportes por flujo de uno y otro lado se cancelan entre sí (considerando iguales densidades poblacionales y patrones de dispersión equivalentes) (Lenormand, 2002).

3.2 Clima y variación morfológica mundial en poblaciones no-industrializadas

Debido a que los humanos han ocupado una gran diversidad de ambientes, sería esperable encontrar importantes variaciones en la morfología de *Homo sapiens* atribuibles a las presiones selectivas a las que han estado expuestas las poblaciones a lo largo de su evolución. Los factores ambientales considerados más relevantes en relación con la morfología esqueletaria son la temperatura (*i.e.* por medio de la termorregulación) y las precipitaciones (relacionadas con la nutrición), siendo la primera más importante. La altitud, a su vez, podría tener una influencia indirecta mediada por el descenso en la temperatura y por la reducción en la disponibilidad de oxígeno con el incremento de la latitud (Stinson, 1990). Asimismo, el desarrollo de "amortiguadores" de los efectos ambientales a partir de rasgos culturales podría tener alguna influencia en el desarrollo de morfologías particulares, aunque este aspecto es discutible (Auerbach, 2007).

En este sentido, existe un consenso acerca de que la forma y el tamaño se modifican en relación con la temperatura ambiental, de acuerdo con las reglas de Bergmann (1847) y Allen (1877), de manera de poder mantener el equilibrio térmico. Las poblaciones que habitan climas cálidos tienden a maximizar la pérdida de calor por difusión (directamente relacionada con la cantidad de superficie corporal) y minimizan la producción de calor en las reacciones metabólicas (positivamente correlacionada con el volumen corporal). Se ha demostrado, a su vez, la capacidad genéticamente controlada de elevar la tasa metabólica y con ello la producción de calor (Leonard *et al.*, 2002; Snodgrass *et al.*, 2005) en poblaciones que habitan climas extremadamente fríos (Leonard *et al.*, 2005).

Las variaciones en la morfología craneofacial entre poblaciones humanas habitantes de diferentes ambientes ha sido explicada, en algunos casos, por su relación con gradientes climáticos (Beals *et al.*, 1984; Roseman, 2004).

Sin embargo, los trabajos craneométricos también han mostrado la importancia de otros factores como la deriva y el flujo génico (Relethford, 1994; 2004), el estrés nutricional (Stynder *et al.*, 2007) y biomecánico (Sardi *et al.*, 2006). En particular, muchos autores han señalado que, a diferencia de lo que ocurre a nivel del postcráneo, la morfología craneofacial está muy asociada con la historia poblacional (*i.e.* filogenia o relaciones evolutivas) (Auerbach, 2007). Estos autores encontraron correspondencias entre la variación molecular y la forma del cráneo, que indica que el factor más relevante asociado con esta última variable es el grado de relación evolutiva entre las poblaciones. Por otra parte, las presiones selectivas relacionadas con el clima ejercerían una influencia importante solamente en grupos viviendo en temperaturas extremas (Harvati y Weaver, 2006).

Auerbach (2007) realizó una recopilación del estado de conocimiento acerca de las relaciones entre la morfología en poblaciones humanas y el ambiente. El autor destaca que en el Viejo Mundo se desarrollaron numerosos estudios que demostraron varios aspectos de asociación entre la morfología craneofacial humana y el clima. Sumado a numerosos aportes de otros autores (Harvati y Weaver, 2006; Holton y Franciscus, 2008; Sardi *et al.*, 2004; Stynder *et al.*, 2007) se pueden destacar los siguientes resultados:

- tendencia a la braquicefalia en ambientes fríos y secos y dolicocefalia en ambientes cálidos y secos;

- cráneos de mayor tamaño en climas fríos y secos, aunque el tamaño del cráneo está fuertemente asociado a la dieta;

- la variación en el cráneo se debe principalmente a cambios en el ancho más que en otras dimensiones;

- una tendencia hacia la braquicefalia en el tiempo (aunque se considera que este patrón no está firmemente establecido a causa de la existencia de relevantes excepciones y a la confluencia de diversos factores);

- el ancho de la apertura nasal en relación con el alto es menor en poblaciones que habitan climas fríos y secos, aunque esta tendencia es significativa solamente si se incluyen muestras de latitudes extremas.

A diferencia de los estudios craniométricos, los análisis efectuados sobre el postcráneo señalan la existencia de la selección relacionados con la temperatura, aunque no está claro qué factores selectivos serían responsables de las correlaciones observadas. De los estudios realizados con el objetivo de establecer los patrones de asociación de la morfología del esqueleto postcraneal y el tamaño (a partir del peso corporal) con el ambiente (Auerbach, 2007; Katzmarzyk y Leonard, 1998; Newman, 1953; Pearson y Millones, 2005; Roberts, 1953; Schreider, 1950; 1951; 1964; Trinkaus, 1981), se puede subrayar:

- las poblaciones en climas tropicales son más pequeñas en términos de la masa corporal y tienen bajo peso en relación con la superficie corporal;

- las poblaciones que viven en climas áridos tienden a tener menor ancho bi-ilíaco y mayor ancho bi-acromial;

- otros autores encontraron que poblaciones en climas cálidos y áridos tienden a mayores estaturas (en contra de lo indicado más arriba), mientras que en climas áridos se encuentran anchos bi-ilíacos menores y anchos bi-acromiales mayores; este tipo de relaciones no se modifica en individuos desnutridos mientras que la estatura se reduce;

- las poblaciones que habitan bajas latitudes poseen anchos bi-ilíacos menores y anchos bi-acromiales mayores que aquellas de altas latitudes;

- la circunferencia del pecho y la estatura sentado son mayores en climas fríos;

- el antebrazo es más largo en relación a la longitud total del brazo en poblaciones que habitan climas cálidos;

- en general, los índices crural y braquial son mayores en poblaciones que habitan climas más cálidos;

- en algunos aspectos se han encontrado diferencias entre los sexos en los patrones de variación morfológica con respecto la geografía (*e.g.* índices crural y braquial);

- los patrones ecogeográficos son putativamente más marcados en la longitud relativa de los miembros con respecto al tronco que en los cocientes intraarticulares;

3.3. Modelos de tasa neutral

Los modelos de tasa neutral desarrollados desde la genética cuantitativa extienden la hipótesis neutral de evolución molecular (Kimura, 1968) al nivel fenotípico, relacionando la evolución fenotípica con modelos de poblaciones basados en mutaciones y deriva genética (Lynch, 1990). Estos modelos evalúan la hipótesis nula de evolución neutral en caracteres poligénicos comparando una tasa evolutiva calculada empíricamente, con una teórica estimada considerando la acción de la mutación y deriva génica exclusivamente (Lemos *et al.*, 2001).

Estas pruebas, denominadas de divergencia morfológica, se han utilizado para inferir la acción de la selección estabilizadora pero generalmente no distinguen la presencia de selección direccional de la de deriva génica como procesos de diferenciación entre taxa. Lemos y colaboradores (2001) sugirieron que al nivel taxonómico de especies o más alto, la acción de la selección estabilizadora puede oscurecer o borrar procesos puntuales de selección direccional (Figura 3.2). Esto se sustenta en el breve lapso temporal implicado en los cambios evolutivos vinculados con la divergencia de especies (lapso temporal entre $t = 1$ y $t = 2$ de la Figura 3.2), separados por largos períodos sin cambios morfológicos (lapso temporal entre t = 2 y t = 4 de la Figura 3.2; Eldredge y Gould, 1972). Durante los períodos de diferenciación evolutiva un taxón sufre un cambio morfológico rápido desde un óptimo de la selección estabilizadora (o picos adaptativos Wright, 1932) a otro diferente. La estasis ocurre porque las poblaciones "atrapadas" en un pico se mantienen alrededor de esa posición por la selección estabilizadora y, si se desplazan, evolucionarán rápidamente al punto más cercano donde el ajuste (*fitness*) promedio se encuentre maximizado. Es importante destacar que los períodos de cambios morfológicos son extremadamente rápidos pudiendo desarrollarse en pocas generaciones (Lemos *et al.*, 2001). De esta manera, la tasa de divergencia a nivel macroevolutivo medida en la actualidad refleja el grado de diferenciación promedio entre las poblaciones desde su separación, sin poder distinguir los procesos rápidos que actuaron en el medio (Figura 3.2). Por otro lado, las pruebas de tasa neutral pueden ser útiles si se aplican en eventos de diversificación reciente, por ejemplo a un nivel microevolutivo (Figura 3.2). Por lo tanto, la escala temporal de transformación fenotípica es un punto muy importante a tener en cuenta para hacer inferencias sobre los procesos de diferenciación morfológica (Lemos *et al.*, 2001).

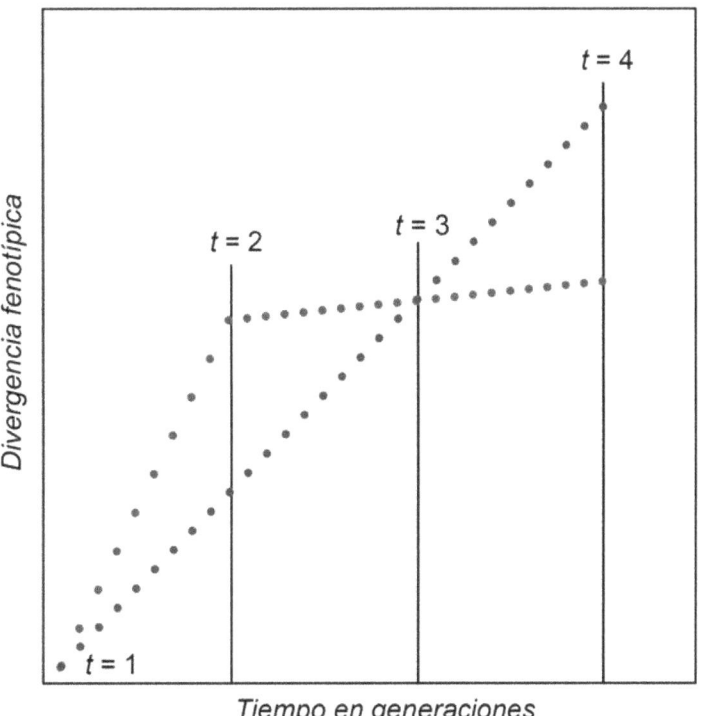

Figura 3.2. Relación entre el tiempo de divegencia en generaciones y cantidad de divergencia fenotípica entre dos poblaciones locales. Los círculos azules muestran la expectativa neutral de divergencia. Los círculos verdes indican tasas mayores y menores de cambio a la expectativa neutral (Lemos *et al.*, 2001; Lynch, 1990). $t = 1$: tiempo inicial de divergencia entre las poblaciones; $t = 2$ a $t = 4$: diferentes momentos en los que se mide la divergencia fenotípica.

4. Desarrollo de las investigaciones sobre el esqueleto postcraneal en poblaciones humanas.

Las primeras etapas del desarrollo de las investigaciones en el campo de la Antropología Biológica pueden ser caracterizadas por el empleo de marcos teórico - metodológicos de neto corte tipologista. Desde esta perspectiva, el cráneo constituía un elemento anatómico fundamental dado que poseía las características "diagnósticas" que permitirían, mediante la inclusión de cada espécimen en una categoría racial o tipológica determinada, alcanzar el fin último de las investigaciones consistente en el desarrollo de esquemas clasificatorios. Asimismo, las estrategias de recolección del material bioarqueológico, en concordancia con los temas de investigación predominantes, se centraron en la obtención de cráneos, principalmente adultos, en tanto que los restos postrcraneales fueron generalmente relegados (Bernal, 2008; Podgorny, 2002). En consecuencia, debido a la poca atención brindada a los estudios basados en el esqueleto postcraneal por parte de los científicos durante estas primeras etapas del desarrollo de la disciplina, el conocimiento de la variación postcraneal ha sido escaso.

Esta tendencia ha continuado hasta hace pocas décadas, cuando nuevos temas de investigación, en principio relacionados con la biología de poblaciones humanas, impulsaron indirectamente el interés en el estudio del postcráneo. Esto es acorde con los cambios significativos a nivel teórico producidos durante la segunda mitad del siglo XX. En este sentido, S. Washburn, en su influyente trabajo de "The New Physical Anthropology" (1951) presentó un programa que vinculaba a la antropología física con los desarrollos de la síntesis evolutiva. En este y en posteriores trabajos publicados en revistas y reuniones científicas (Washburn, 1953) describió las estrategias para implementar este nuevo programa, el cual contemplaba un desarrollo de hipótesis en el marco del método experimental orientadas a la comprensión de los procesos evolutivos.

Las siguientes dos décadas vieron un fuerte crecimiento en las ciencias bioantropológicas en el marco de la biología evolutiva, especialmente en el campo de la genética (Harrison, 1977). Nuevos programas se impulsaron para estudiar la variación biológica en general (International Biological Programme 1964-1974) y la adaptación de poblaciones humanas en particular. Se prestó especial interés a aquellas sociedades con economías simples, por la amenaza de su desintegración cultural y pérdida de identidad física de cara a los avances de la civilización. Además, se planteaba que las características de esos grupos, en cuanto a la demografía y subsistencia, serían análogas a las condiciones bajo las cuales la humanidad había vivido durante la mayor parte de su existencia (Weiner, 1964). Como resultado de este proyecto ("The Human Adaptability Project"), surgieron cientos de publicaciones que ayudaron a comprender cómo las poblaciones respondían a variadas condiciones ambientales y se generaron nuevas perspectivas sobre la genética de poblaciones humanas (Baker, 1988). Este gran impulso del que fue objeto la disciplina constituye el origen del desarrollo de muchos modelos sobre la evolución de las poblaciones humanas actuales y del pasado.

Concomitantemente, la paleoantropología experimentó un gran desarrollo- debido a los hallazgos cada vez más numerosos de especimenes fósiles en África, Europa y Asia- dando lugar a enriquecedoras discusiones sobre el origen y la dispersión de *Homo* (Stringer y Andrews, 1988; Wolpoff *et al.*, 1989). En este contexto, el tamaño corporal comenzó a ser considerado como una de las características más importantes de la estrategia adaptativa de los primates (*e.g.* Fleagle, 1985). Las características del registro fósil dificultan el análisis de dicho parámetro ya que la masa corporal no se puede medir directamente sino que debe estimarse a partir de los restos esqueletales, que en general presentan un elevado grado de fragmentación. Para este fin hacia finales de la década de 1980 se desarrollaron numerosas técnicas (Damuth y MacFadden, 1990) que incluyeron poblaciones humanas antiguas. Para estos momentos ya se advierte un interés creciente en el estudio del esqueleto postcraneal de poblaciones humanas en las publicaciones (Jungers, 1982; Jungers, 1984; Jungers, 1988; Oxnard, 1983; Ruff y Hayes, 1988; Ruff *et al.*, 1989) .

En los últimos veinte años creció ese interés y en la última década se desarrollaron numerosos estudios sobre casos particulares de poblaciones del pasado con muestras provenientes de sitios arqueológicos (Ruff, 2005). Sin embargo, la mayoría de estos esfuerzos están dirigidos a la reconstrucción de la conducta, especialmente de los patrones de actividad (Pearson, 2000; Stock y Pfeiffer, 2001; 2004; Wescott y Cunningham, 2006; entre otros). En general, las investigaciones buscan indagar acerca de las relaciones entre la morfología del postcráneo y la movilidad o el tipo de actividad de las poblaciones a través de las propiedades biomecánicas de los huesos, principalmente huesos largos, a través de medidas de robusticidad de la diáfisis (Ruff *et al.*, 2006).

4.1 Estudio de la variación morfológica postcraneal en Pampa y Patagonia

En el ámbito local, particularmente en Pampa y Patagonia, los estudios que incluyen el postcráneo han seguido las tendencias teórico-metodológicas, desarrolladas a nivel mundial en antropología biológica. Los primeros datos acerca de los rasgos físicos de las poblaciones de Pampa y Patagonia se remontan a las observaciones somatoscópicas acerca de la talla y contextura física realizadas por miembros de las distintas expediciones científicas y militares que recorrieron la región (Lista, 1887; Pigafetta, 2004; Spegazzini, 1882; entre otros).

La descripción sistemática de estas poblaciones desde perspectivas científicas y con metodologías convencionales se inició recién a fines del siglo XIX, aunque los primeros trabajos resultan sumamente escasos y, en general, constituyen informes descriptivos acerca de características patológicas o sobre aspectos métricos y/o no métricos de un número reducido de variables o se limitan a unidades anatómicas aisladas (Chillida, 1943; Lehmann-Nitsche, 1904; Vignati, 1931). Asimismo, una serie de estudios abordaron el análisis somático postcraneal mediante el empleo de variables métricas y de estadística univariada descriptiva para dar cuenta de las características físicas de los individuos femeninos y masculinos pertenecientes a los grupos Araucano, Tehuelche, Selk´nam, Alacaluf (Bergna, 1949; Bridges, 1886; Gusinde, 1889; Imbelloni, 1949; Lahille, 1926; Lehmann-Nitsche, 1915a; Lehmann-Nitsche, 1915b; Lehmann-Nitsche, 1916). Entre los estudios efectuados sobre restos óseos se destacan los trabajos de Scolni de Kliman (1938), Chillida (1943) y Gerber (1966) quienes realizaron estudios a escala macroregional acerca de las propiedades biométricas de los huesos largos de muestras de poblaciones prehistóricas. Los análisis consistieron en el cálculo y comparación de los valores medios de las longitudes totales y diversos índices con el fin de evaluar las diferencias morfológicas entre diferentes tipos raciales.

Más recientemente, la adopción de un marco teórico evolutivo de fuerte énfasis poblacional y de métodos estadísticos multivariados condujeron a interpretaciones de la variación morfológica en términos de procesos causales (Carnese et al., 1991-1992; Carnese y Pucciarelli, 2007).

En este contexto los patrones de variación postcraneal observados en Pampa y Patagonia fueron atribuidos a la acción del flujo génico diferencial entre las poblaciones y la influencia de diversos factores ambientales. Varela y colaboradores (1993-1994) realizaron un re análisis de los datos somatométricos obtenidos por Gusinde (1889) empleando técnicas estadísticas uni y multivariadas. Los resultados señalan la existencia de diferencias entre los tres grupos aunque los individuos asignados al grupo Selknam y Alacaluf presentan las mayores distancias, mientras los Yamana se encuentran en una posición intermedia. Este resultado fue interpretado como el producto de dos corrientes migratorias, una proviniente del Este de la cordillera de los Andes y la otra del Oeste, que habrían poblado Tierra del Fuego. En otro orden, Baffi y colaboradores (2001) han efectuado un análisis comparativo de diferentes muestras de la región Pampeana para evaluar las diferencias en la estatura estimada a partir de variables longitudinales de huesos largos.

Por otro lado, Pearson y Millones (2005) han publicado un estudio sobre las adaptaciones a corto y a largo plazo reflejadas en los rasgos esqueletales del postcráneo comparando dos poblaciones con diferentes modos de subsistencia (canoeros y cazadores terrestres), ambas adaptadas a climas fríos (Tierra del Fuego). A su vez comparan dichos rasgos con otras poblaciones del mundo y hallaron que tanto los grupos canoeros como cazadores terrestres de Tierra del Fuego presentan tamaños corporales comparables con poblaciones adaptadas a los climas más fríos (ártico en el hemisferio norte). Asimismo, Béguelin y Barrientos (2006) realizaron un análisis exploratorio de la variación fenotípica postcraneal en muestras de Patagonia continental y Tierra del Fuego, con el fin de poner a prueba expectativas derivadas de la biogeografía acerca de la variación latitudinal del clima y los patrones de distribución geográfica de la variación fenotípica. Los resultados obtenidos indican la asociación de ciertas variables postcraneales con la latitud.

Hernández y colaboradores (1997a) analizaron la diversidad morfológica existente entre muestras tardías procedentes de la Patagonia Austral Chilena, considerando los huesos largos de los miembros, con la finalidad de discutir las diferencias en el tamaño corporal existente entre las poblaciones locales y las poblaciones europeas. Entre sus resultados es destacable que las muestras de grupos continentales (Aonikenk) presentan los mayores tamaños, seguidos por las muestras de Tierra del Fuego (Selk´nam), siendo los canoeros los de menor tamaño (Yámana y Kawéskar).

Recientemente, la influencia de las condiciones socio-ambientales sobre la morfología postcraneal fue evaluada por Millán y colaboradores (2007) a partir de muestras óseas correspondientes a cazadores recolectores del Nordeste de Chubut. El análisis de la variación temporal en la estatura, realizado por estos autores, indica una tendencia hacia el incremento de la talla entre los 2600 y 200 años AP, sugiriendo que las poblaciones del área habrían estado bajo condiciones favorables durante el Holoceno tardío. Por el contrario, los datos de peso corporal y variables antropométricas de una comunidad actual de ascendencia tehuelche, procedente de la provincia de Chubut, indican una reducción del crecimiento esquelético y de la masa corporal (Oyhenart et al., 2000). Esto sería atribuible a las condiciones altamente desfavorables en que se encuentran actualmente las poblaciones aborígenes de la región.

Desde un punto de vista metodológico se han realizado estudios tendientes a generar estándares específicos para las poblaciones de Pampa y Patagonia para la estimación del sexo y la estatura a partir de los huesos largos. Flores (2007) evaluó diferentes métodos de estimación del sexo en una muestra de fémures de Pampa. El desarrollo de funciones discriminantes a partir de variables métricas del fémur y ecuaciones de regresión construidas en base a la variación específica de estas poblaciones ha permitido obtener estimaciones del sexo y la estatura confiables (Béguelin, 2009; Béguelin y Gonzalez, 2008).

Por otra parte, diversos estudios se han centrado en la evaluación de indicadores paleopatológicos y de estrés funcional en huesos largos empleando técnicas macroscópicas, radiográficas y tomográficas con el fin de establecer las posibles actividades cotidianas realizadas por los individuos y el estado de salud de las poblaciones cazadoras-recolectoras de la región (Baffi y Luna, 2005; Barrientos, 1997; Bayón et al., 2004; García Guraieb, 2006; Gradin y Aguerre, 1994; Gómez Otero y Dahinten, 1997-1998; Kozameh y López, 2001; L'Heureux et al., 2003; Luna et al., 2008; Martínez et al., 2006; Salceda y Méndez, 1990; Salceda et al., 1999-2001; Suby, 2006).

En resumen, los estudios sobre el esqueleto postcraneal en la región resultan escasos, sin embargo en los últimos años el creciente interés por incorporar esta evidencia permite vislumbrar una tendencia al desarrollo de líneas de investigación que contribuirán a enriquecer nuestro conocimiento sobre las poblaciones humanas de Pampa y Patagonia.

5. Ecología e historia evolutiva de las poblaciones de Pampa y Patagonia

5.1 Ambiente y paleoambiente

Clima actual y paleoclima

Las muestras estudiadas en esta tesis se extienden desde la Región Pampeana hasta el sur de Patagonia continental, entre los paralelos 34° 1' S y los 52° 56' S, abarcando más de 2000 km en dirección norte-sur (Capítulo 7, Figura 7.1: mapa).

De acuerdo con los datos obtenidos del Servicio Meteorológico Nacional en promedio para el período 1961-1990 (www.smn.gov.ar), las temperaturas medias anuales de la región presentan un gradiente latitudinal, con una disminución marcada, desde 18° en el extremo norte a 6° en el extremo sur (Figura 5.1). Las temperaturas máximas medias fluctúan entre 24 y 12°, mientras que las mínimas medias entre 12 y 2°. Las máximas absolutas alcanzan valores entre 40,7 y 35° mientras que las mínimas absolutas entre –8,1 y –20,2.

Las precipitaciones también muestran diferencias, que siguen una dirección aproximadamente noreste-sudoeste, con valores que superan los 1100 mm anuales en el extremo norte del área de estudio y valores de 200 mm cerca del extremo sur (ver Figura 5.2). En el sur de Sudamérica se observan dos dominios climáticos principales, que están relacionados con la circulación atmosférica global y la topografía: el atlántico y el pacífico, separados por una franja denominada Diagonal Árida, que corre de noroeste a sudeste (Clapperton, 1993). A su vez, la Cordillera de los Andes constituye una importante barrera para las masas de aire húmedo provenientes del Pacífico, que descargan su humedad en las laderas occidentales y al descender en la vertiente oriental, se calientan y se secan. La principal fuente de humedad son los vientos del este y del noreste, que generan un gradiente de isohietas con una dirección aproximada de noreste-sudoeste, tal como se mencionó más arriba.

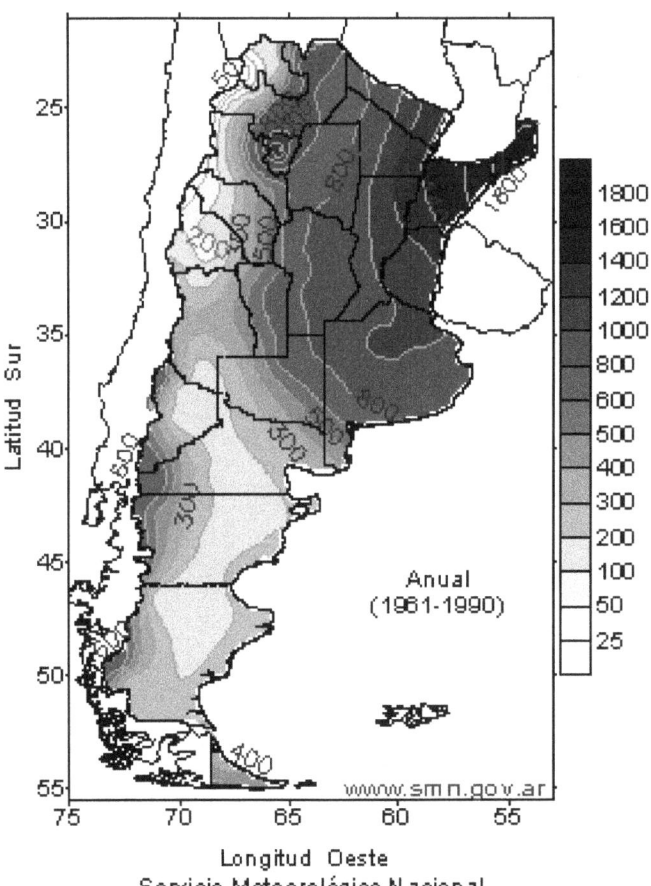

Figura 5.2. Mapa de la República Argentina mostrando líneas isohietas de las precipitaciones anuales (a partir del promedio entre 1961 y 1990). Fuente: Servicio Meteorológico Nacional, www.smn.gov.ar.

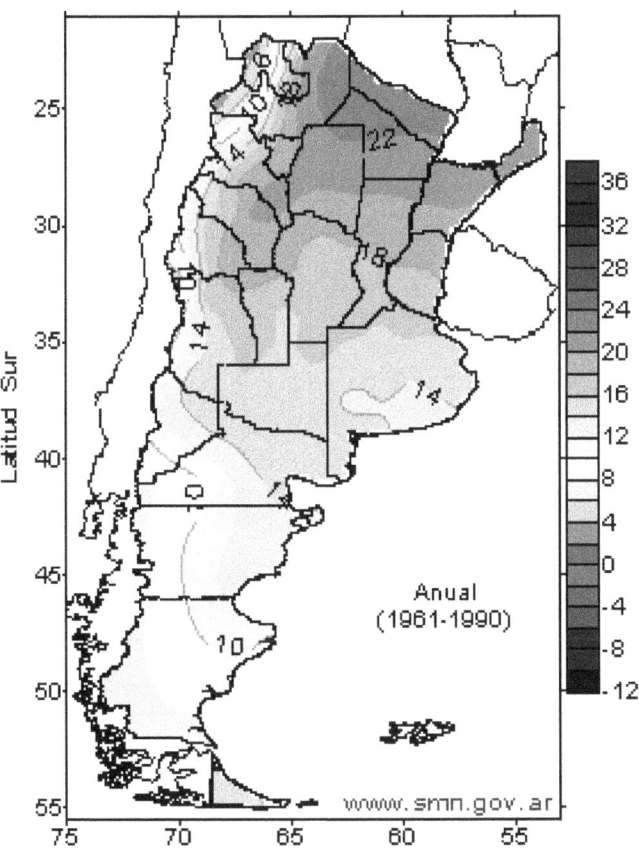

Figura 5.1. Mapa de la República Argentina mostrando líneas isotermas de la temperatura media anual (a partir del promedio entre 1961 y 1990). Fuente: Servicio Meteorológico Nacional, www.smn.gov.ar.

De norte a sur, el área de estudio comprende a las eco-regiones conocidas como Delta e Islas del Paraná, Pampa y Espinal y dos eco-regiones patagónicas: Monte de Llanuras y Mesetas y Estepa Patagónica (Burkart *et al.*, 1999; en Loponte, 2007). La eco-región "Delta e Islas del Paraná" fue clásicamente incluida dentro de la región Pampa en los trabajos biogeográficos (Cabrera, 1976). Sin embargo, algunos autores como Loponte (2007) la distinguen como una eco-región diferente. La región Pampeana, en sentido amplio, se caracteriza por un clima de planicie templada húmeda (hacia el este) y subhúmeda (hacia el oeste). El clima de la región patagónica a su vez fue clasificado como meseta templada a fría, semiárida a árida (Iglesias, 1981).

La ocupación humana en el cono sur de sudamérica data de la Transición Pleistoceno/Holoceno (Miotti y Salemme, 2004; Steele y Politis, 2008). Los importantes cambios climáticos ocurridos desde ese momento (Figura 5.3) obedecen principalmente a dos fenómenos climáticos globales: climas fríos y áridos en torno al último máximo glaciar, y climas más humedos y cálidos durante el óptimo climático del Holoceno (Hypsitermal). Los primeros habitantes de Sudamérica ocuparon un territorio climáticamente signado por la reciente ocurrencia del último máximo glaciar (Coronato et al., 1999). La circulación atmosférica durante ese período fue muy probablemente similar a la actual. El anticiclón del Atlántico Sur se situaba probablemente más cerca del Ecuador que en la actualidad (Clapperton, 1993). Los vientos del este eran menos húmedos, haciendo que la Pampa sufriera una reducción en las precipitaciones. El corrimiento hacia el este de la línea de costa a causa de la regresión marina habría causado mayor continentalidad y con ella mayor gradiente diurno en la temperatura. Los Andes incrementaron su eficacia como barrera para los vientos húmedos del Océano Pacífico durante este período, puesto que su altitud se elevó varios cientos de metros por el desarrollo de la capa de glaciares (Tonni et al., 1999). Por esta causa, la Región Patagónica también habría sido más árida durante el Pleistoceno final. Las temperaturas media anuales fueron muy probablemente inferiores a las actuales, en relación con el enfriamiento global que caracterizó el último máximo glaciar.

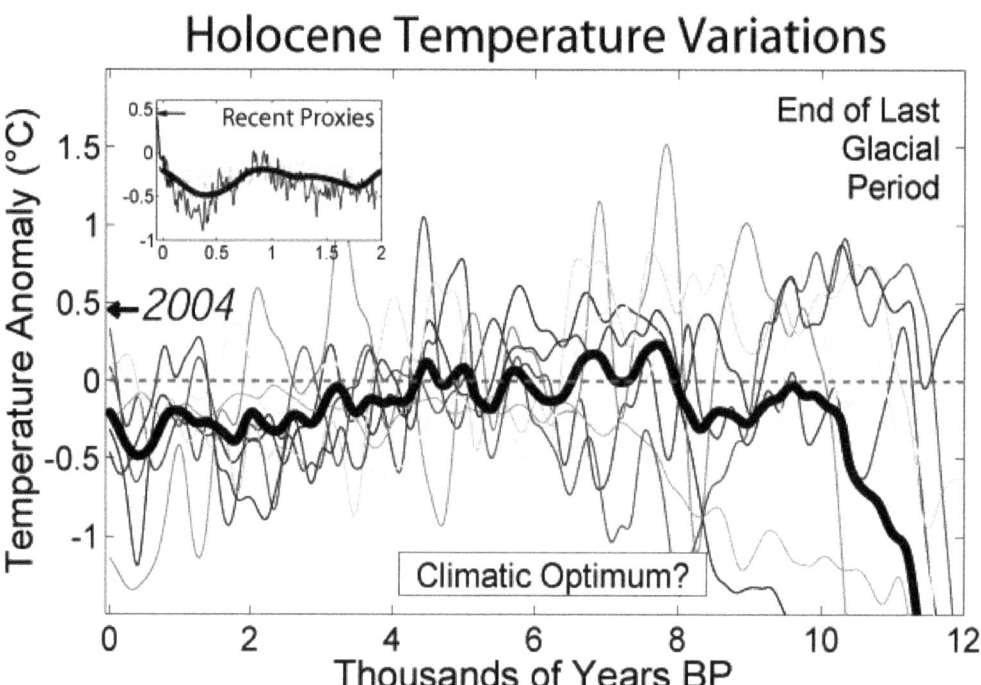

Figura 5.3. Registro de la variabilidad durante todo el Holoceno de la temperatura según ocho localidades. La línea gruesa en negro representa un promedio de las demás curvas. Los registros están representados en relación con la temperatura media del siglo XX. Extraído de Rhode (2007).

El otro fenómeno ambiental relevante ocurrió durante el óptimo climático del Holoceno, datado en alrededor de 7.600-6.000 años antes del presente en el sur de sudamérica (Aguirre y Whatley, 1995; Aguirre et al., 2006). El óptimo climático del Holoceno constituye un fenómeno global que registra una elevación de la temperatura de entre 1 y 2°, que fue acompañada por un incremento en las precipitaciones en el área abarcada en este estudio, y por una ingresión marina de consecuencias ambientales regionalmente variables. Los hielos glaciares se redujeron permitiendo una mayor circulación de vientos provenientes del oeste, mientras que se redujo la continentalidad (Coronato et al., 1999). Si bien entre el Pleistoceno tardío y el Holoceno medio se observa un incremento de la temperatura y de las precipitaciones, dichas tendencias fueron probablemente alteradas por cambios climáticos de menor escala temporal (Tonni et al., 1999).

A lo largo del Holoceno los principales procesos ambientales que actuaron en la región del Delta del Paraná son la acción del propio río y la transgresión marina holocénica (Cavallotto et al., 2004; Loponte, 2007). A comienzos del Holoceno el mar se encontraba por debajo del nivel actual (20 metros) y la costa se hallaba varios kilómetros hacia el este, mientras que los cauces del Paraná y del Plata eran sustancialmente menores. Los ecosistemas de hace 9.000 años en esta región estaban dominados por un semidesierto templado ocupado por una estepa de gramíneas discontinua (Loponte, 2007). En lo subsiguiente las condiciones climáticas cambiaron hacia climas más benignos, con el consiguiente ascenso del nivel del mar, hasta alcanzar cotas de 6,5 metros por encima del actual hacia los 6.500 a 5.000 años antes del presente (Cavallotto *et al.*, 2004). Este fenómeno dio lugar al establecimiento de un golfo estuárico profundo. Posteriormente, siguió una regresión (*i.e.* la retirada de la línea de costa), acompañada por una aridización del clima, hasta llegar a las condiciones actuales, hace aproximadamente 1.000 años (Loponte, 2007).

Tonni y colaboradores (1999) indican que no hay indicios geológicos ni biológicos que sugieran que durante el Pleistoceno tardío y el Holoceno los climas hayan sido sustancialmente diferentes a los actuales. Más bien se puede inferir corrimientos de isotermas en sentido predominante norte-sur durante períodos cálidos y viceversa durante períodos fríos. A su vez, la magnitud de los cambios en la temperatura es relativamente pequeña en relación con el gradiente establecido.

Las características ambientales de estas áreas en la actualidad y durante el Holoceno tardío, período temporal considerado en este trabajo, se resume en los siguientes párrafos.

Caracterización ambiental actual

La región "Delta" también conocida como "Delta Paranaense" o "Bajo Delta" (Bonetto y Hurtado, 1999; Bonfils, 1962) corresponde al humedal del Paraná inferior (32° 05' y 34° 29' S a 58° 30' y 60° 40' O). Se encuentra en la porción terminal de la Cuenca del Plata, iniciándose a la altura de la ciudad de Diamante, Provincia de Entre Ríos, y finalizando en el Río de la Plata (Loponte *et al.*, 2004). El ambiente de Delta puede ser representado como un sistema río-planicie aluvial, ecológicamente regulado por los pulsos de inundación del río Paraná (Bó y Malvárez, 1999; Junk *et al.*, 1989), en el que la mayor parte del área corresponde a superficies inundables (Loponte *et al.*, 2004). Merece destacarse que la variabilidad de los pulsos de inundación/desecación del Paraná inferior ha generado que el humedal asociado sea considerado uno de los que exhibe mayor irregularidad hidrobiológica de Sudamérica (Loponte *et al.*, 2004).

La Región Pampeana comprende una extensa llanura ubicada en el este de la República Argentina entre los 31° y 39° de Latitud Sur (Barrientos, 1997; Politis, 1984). Limita al este con el Océano Atlántico y al oeste con las Sierras Centrales. Se trata de una región con un paisaje preponderantemente de llanura interrumpido por las sierras de Tandil y Ventania. La cobertura vegetal consiste en una estepa herbácea, a excepción de una faja delgada de bosque xeromórfico al este. La región pampeana está conformada por las denominadas Pampa Húmeda o Pampa Oriental, y Pampa Seca o Pampa Occidental. Esta división está marcada por la isohieta de los 600 mm, situada en forma paralela al límite entre la estepa o pseudoestepa (denominada fitogeográficamente como "Provincia Pampeana"; (Cabrera, 1976) y el monte del espinal (Provincia del Espinal; Cabrera, 1976).

La Región Patagónica ocupa parte de los actuales territorios de Chile y Argentina y constituye la porción más austral del continente americano, extendiéndose desde el océano Atlántico hasta el Pacifico, y desde el río Colorado hasta Tierra del Fuego, entre los paralelos 34° y 56° de latitud sur. Esta amplia región se encuentra al sur de la región pampeana, desde donde la estepa herbácea se transforma en ambientes xerófilos y desérticos. Patagonia continental constituye la mayor parte de esta región y los rasgos topográficos mas destacados son, hacia el oeste, en dirección N-S, la Cordillera de los Andes con altas altitudes, y hacia el este la Patagonia extra-andina consiste en vastas extensiones de mesetas casi continuas divididas sólo por los ríos más importantes -Colorado, Negro, Chubut, Deseado, Coyle y Gallegos- que fluyen con dirección oeste-este desde la Cordillera hacia el Océano Atlántico. Se distinguen en Patagonia tres provincias fitogeográficas: Subantártica con bosques principalmente de *Nothofagus*; del Monte caracterizada por estepas arbustivas de *Larrea* sp.; y Patagónica con estepas herbáceas, arbustivas y semidesiertos (Cabrera, 1976; Gómez Otero *et al.*, 1998; León *et al.*, 1998; McCulloch *et al.*, 1997). En el sur, separada del continente por el estrecho de Magallanes, se ubica la Isla Grande de Tierra del Fuego y un sistema de canales e islas menores.

Los ambientes del Holoceno tardío.

Hacia el inicio del Holoceno tardío las condiciones climáticas fueron de mayor humedad que las actuales, mientras que posteriormente se infiere una tendencia hacia el incremento de la aridez, que alcanza su máximo entre 1.150-600 años AP, durante la Anomalía Climática Medieval (ACM) (Stine y Stine, 1990). Este fenómeno de reducción de la humedad, acompañado de altas temperaturas, se habría producido tanto en el hemisferio norte como en el sur. Durante el Holoceno tardío, los ambientes de los que provienen las muestras de este estudio se caracterizaron por el incremento en la variabilidad climática a corto plazo, especialmente en la disponibilidad hídrica relacionada con fluctuaciones en la temperatura y la precipitación (Stine y Stine, 1990).

Las inferencias paleoclimáticas para la Región Pampeana durante el Holoceno tardío no son concluyentes. Las discrepacias entre lo propuesto por diferentes autores en base a diversos tipos de evidencia (Perez, 2006), sugieren que las condiciones ambientales fueron objeto de fluctuaciones en el tiempo y presentaron un patrón heterogéneo (Tonni *et al.*, 1999). Por una parte se señala que para el límite entre el Holoceno tardío inicial y final (*ca.* 2000 años AP) hay evidencia de clima más cálido (mamíferos subtropicales) para algunas áreas, y de clima más frío y árido que el actual para otras (Pardiñas, 1995; Pardiñas y Tonni, 1996), señalando la existencia de un mosaico de condiciones microambientales (Tonni *et al.*, 1999). Asimismo, en un momento posterior (*ca.* 1.500-1.000 años AP) se han detectado mamíferos que requieren condiciones más húmedas. Otros autores han propuesto que con posterioridad a 5.000 años AP se establecieron condiciones más secas que en la actualidad (Madrid y Politis, 1991; Nieto y Prieto, 1987; Paez y Prieto, 1993; Prieto, 1996; Zárate, 1998). Finalmente, la evidencia proveniente de sitios arqueológicos prehispánicos, así como de sedimentos eólicos de la Formación La Postrera (fechados en *ca.* 440 años AP), indican la presencia de clima árido a semiárido y posiblemente más frío (Politis *et al.*, 1983; Tonni *et al.*, 1999), el cual podría estar relacionado con el período de la Pequeña Edad de Hielo.

En la Región Patagónica la tendencia a la aridez se ve reflejada en el descenso del nivel de diversos lagos como Cardiel, Belgrano y Burmesteir (Stine, 1994; Stine y Stine, 1990). Estudios de dendrocronología realizados en el Lago Cardiel indican que hacia el 1.000 AP se produjo una fuerte sequía, que se extendió aproximadamente por 100 años. Posteriormente la humedad se incrementó alrededor de 900-700 años AP, resultando en el ascenso del nivel del agua (Stine, 1994). Los datos polínicos, isotópicos y pedológicos del sur de Santa Cruz registrados en Potrok Aike, Río Chico y Lago Argentino y de Tierra del Fuego también indican la existencia de un período de mayor humedad alrededor del 900 AP (Borromei y Nami, 2000; Favier Dubois, 2003; Haberzettl et al., 2005; Heusser y Rabassa, 1991; Mancini, 1998). Por su parte, en el noreste de Patagonia (Río Negro), la secuencia de cambios climáticos establecida a partir de evidencia dendrocronológica difiere de lo inferido para el sur de la región. Dicha evidencia indica un periodo húmedo y frío entre 1.000-900 años AP, cálido y seco entre 900-700 años AP - coincidente con la Anomalía Climática Medieval- y finalmente, frío y húmedo entre 700-300 años AP- con picos similares a los de la Pequeña Edad de Hielo en Europa (Villalba, 1990; 1994).

En el sector extra andino los últimos 1.500 años se caracterizan por la elevada aridez, con máximos de 380 mm/a (Schäbitz, 2003). En el centro de Patagonia (río Senguer, río Mayo y los lagos Colhué Huapi y Musters, río Pinturas), estudios palinológicos indican que a partir del 2500 AP, la región se habría caracterizado por la alternancia de estepa graminosa, arbustiva y arbustiva halófila, con una predominancia de las dos últimas (Burry y D'Antoni, 2001; Mancini, 2003; Mancini y Trivi de Mandri, 1994). Los periodos secos y calurosos habrían provocado la retracción de los glaciares y el aumento en el caudal de los ríos, resultando en un incremento de la humedad y como consecuencia, en el establecimiento de vegetación asociada a mayor humedad del suelo.

6. Objetivos e Hipótesis

Dadas las características biogeográficas de las poblaciones humanas en América y en particular en Sudamérica -poblamiento reciente, amplia distribución geográfica (principalmente en sentido latitudinal) y gran diversidad fenotípica-, esta región se presenta como un escenario ideal para estudiar los factores que actuaron para generar los patrones morfológicos observados en el Holoceno tardío.

El objetivo general del presente trabajo es analizar los patrones de variación morfológica postcraneal de las poblaciones humanas del Holoceno tardío de Pampa y Patagonia, con el fin de avanzar en el conocimiento de los factores que habrían actuado sobre las mismas.

Objetivos Particulares

1. Generar información acerca de la variación morfométrica del esqueleto postcraneal de las poblaciones humanas de Pampa y Patagonia del Holoceno tardío.

2. Analizar los patrones de variación morfométrica postcraneal, particularmente en tamaño y proporciones corporales, entre las poblaciones humanas de Pampa y Patagonia durante el Holoceno tardío.

3. Evaluar el grado de asociación entre los patrones de variación morfométrica postcraneal de las poblaciones de la región y las variables geográficas y ambientales (*v.g.* latitud, temperatura).

4. Discutir la acción de diferentes factores causales, aleatorios y no aleatorios, sobre los patrones de variación morfométrica postcraneal.

Hipótesis

Se han formulado las siguientes hipótesis y expectativas biológicas:

Hipótesis

1 La variación morfométrica del esqueleto postcraneal de las poblaciones de cazadores recolectores del Holoceno tardío de Pampa y Patagonia es producto de procesos aleatorios (*v.g.* deriva génica). En caso de rechazo se plantea que:

2 La variación morfométrica del esqueleto postcraneal de las poblaciones de cazadores recolectores del Holoceno tardío de Pampa y Patagonia es producto de factores no aleatorios (*v.g.* selección direccional, plasticidad fenotípica) relacionados a diferencias en la temperatura ambiente.

Expectativas biológicas:
2.1 El patrón de variación morfométrica postcraneal está relacionado con la influencia que el ambiente ejerce durante la ontogenia (plasticidad fenotípica). Si la plasticidad fenotípica es el principal factor responsable de la variación morfométrica postcraneal es esperable que el tamaño corporal medio de los individuos se modifique con la disminución de la temperatura como consecuencia del estrés metabólico que genera este factor. Asimismo, se espera mayor reducción del tamaño de los huesos de la porción distal del miembro inferior debido a que el estrés es mayor en aquellos huesos que presentan una exposición más directa a las bajas temperaturas (*i.e.* tibia, por los efectos de la vasodilatación que modula la temperatura del cartílago en desarrollo).

2.2 El patrón de variación postcraneal está relacionado con la acción de la selección direccional, que favorecería el mayor tamaño corporal en climas fríos. En este caso se espera que el tamaño medio de los individuos se incremente con la disminución de la temperatura.

7. Materiales

7.1 Consideraciones generales sobre los materiales utilizados

Las muestras consideradas en este trabajo corresponden al esqueleto postcraneal de individuos adultos de poblaciones humanas cazadoras recolectoras[1] de ambos sexos procedentes de las regiones pampeana y patagonica, cuya cronología se atribuye, por fechados radiocarbónicos directos, características de los restos (*v.g.* presencia de determinados tipos de deformaciones craneales) e información contextual, al Holoceno tardío (*i.e.* últimos 4.000 años cal. AP). Para el desarrollo de los análisis se seleccionaron aquellas muestras para las cuales se contaba con información acerca de la ubicación geográfica de los hallazgos. Bernal (2008), en su trabajo de Tesis Doctoral realizó, sobre las muestras de museos, un exhaustivo trabajo tanto de documentación inédita depositada en los archivos de las instituciones (cartas, informes, catálogos), como de material bibliográfico publicado orientado a obtener información acerca de los siguientes ítems: datos de las expediciones, ubicación geográfica de los hallazgos, características de los entierros, etc. Las muestras utilizadas en este trabajo coinciden en gran parte con las utilizadas por Bernal (2008), hecho que ha facilitado la selección y caracterización de las muestras.

La calidad de las colecciones osteológicas estudiadas en términos de registro de información contextual (localización geográfica, estratigrafía, características de los entierros, datos arqueológicos) por una parte y de preservación de los restos por otra, varía considerablemente. En una situación ideal se encuentran aquellas muestras obtenidas en excavaciones arqueológicas recientes, que cuentan con información contextual detallada, así como también mejor estado de conservación y almacenaje de los restos posterior a la extracción que en otros tipos de hallazgos.

Sin embargo, una gran parte de los restos óseos estudiados en esta tesis corresponden a materiales depositados en colecciones de museos. Éstas se crearon y acrecentaron por medio de donaciones, compra, recolecciones superficiales y excavaciones (Podgorny, 2002). En el caso particular del Museo de La Plata, de donde procede la mayor parte de las muestras analizadas, las colecciones depositadas en la División Antropología se formaron principalmente a fines del siglo XIX y principios del siglo XX como consecuencia de expediciones y viajes realizados por investigadores y personal de apoyo en un contexto de constitución y consolidación del Estado Nacional (Podgorny, 2002; Soprano, 2007). En todos estos casos, la cantidad y calidad de información disponible es particularmente diversa. En muchos ejemplos existe un registro detallado de las condiciones de los entierros, del número de individuos excavados, del material asociado así como de la forma de recolección (Moreno, 1874; Torres, 1911; Vignati, 1931), en tanto que para otras muestras sólo se cuenta con una indicación general de la procedencia geográfica. Como consecuencia de las prácticas de recolección de la época, de los medios de transporte disponibles y los temas de investigación dominantes se privilegió la recolección de cráneos de individuos adultos, mientras que los restos postcraneales y de individuos infantiles -caracterizados por una mayor fragilidad y menor tamaño- fueron, en general, relegados (Bernal, 2008; Podgorny, 2002). Asimismo, las prácticas de curación desarrolladas en los museos durante el siglo XX resultaron frecuentemente en la pérdida de la unidad anatómica individual, por lo que los restos craneales se encuentran actualmente disociados de los postcraneales y, en numerosos casos, los postcraneales disociados entre sí (ver por ejemplo Lehmann-Nitsche, 1910).

La escasa información disponible en algunos casos y el hecho de que las muestras no han sido obtenidas mediante la aplicación de métodos arqueológicos disponibles actualmente, han sido empleados como argumentos en contra del estudio de colecciones de museo. Sin embargo, estas colecciones de restos óseos humanos proveen valiosa información acerca de la evolución y adaptación de las poblaciones humanas en el pasado y en algunos casos constituyen la única información disponible para determinados periodos temporales o lugares geográficos (Bernal, 2008; Guichón y Suby, 2006). Por ejemplo, los hallazgos de Torres (1911), Moreno (1874) y Pozzi (excavaciones realizadas en 1913- 1915), constituyen las colecciones más numerosas disponibles para las regiones del Delta y norte de Patagonia.

7.2 Criterios de formación de muestras.

Las muestras se formaron considerando los siguientes criterios, utilizados de manera jerárquica: 1-el modo de subsistencia de los grupos humanos; 2- la antigüedad y 3- latitud y similitud de hábitat. Se incluyeron en este estudio solamente aquellos individuos pertenecientes a grupos de cazadores recolectores terrestres con el fin de mantener el modo de subsistencia constante. Su inclusión en esta categoría se realizó en base a la consideración de información arqueológica (Borrero, 2001; Politis y Madrid, 2001). Con respecto a la antigüedad, el empleo de evidencia proveniente de fechados radiocarbónicos, información contextual y deformaciones craneanas artificiales permitió asignar las muestras estudiadas al Holoceno tardío (*ca.* 4.000-350 años AP) (Barrientos y Perez, 2002; Bernal *et al.*, 2008; Berón y Baffi, 2003; Gómez Otero y Dahinten, 1997-1998).

De este modo, estos individuos equivalentes temporalmente se agruparon en muestras considerando la cercanía de los entierros. Dicha cercanía se reflejó

---

[1] Si bien se contempla la existencia de un rango de posibles modos de vida en torno a un mismo tipo de subsistencia general (Bettinger, 1991; Binford, 1980; Borrero, 1999), mantener constantes algunos factores conocidos de las muestras seleccionadas, contribuye a reducir posibles vías de modificaciones en la morfología del postcráneo.

principalmente en la latitud. En una situación ideal, cada muestra estaría formada por individuos que habitaron en una región geográfica y durante un periodo temporal acotado (Sokal y Crovello, 1970). Sin embargo, con el fin de obtener muestras cuantitativamente significativas se buscó formar agrupamientos de individuos dispersos geográficamente tan homogéneos como fue posible con respecto a la latitud (Hunt, 2004). Esto se implementó principalmente en las regiones donde no se cuenta con concentraciones de entierros suficientes para formar muestras comparables, *i.e.* de tamaños estadísticamente adecuados.

Un aspecto importante a considerar en este tipo de estudios es la adecuación de la calidad del registro bioarqueológico para la evaluación de procesos evolutivos a escala poblacional (Kidwell y Holland, 2002; Paul, 1982). La dificultad en los estudios de grupos humanos prehistóricos de delimitar poblaciones en sentido biológico es un problema ampliamente reconocido. En este sentido, el concepto de población empleado en este trabajo enfatiza en la conexión temporal y espacial entre los individuos. Este hace referencia a individuos que habitaron un área geográfica específica durante un periodo temporal acotado, probablemente pertenecientes a diferentes poblaciones locales (Cavalli-Sforza *et al.*, 1994). De este modo, las muestras pueden ser consideradas unidades alocrónicas conformadas por individuos miembros de linajes poblacionales (*i.e.* secuencia de poblaciones que presentan continuidad genética y están ordenadas temporalmente) en evolución (Cadien *et al.*, 1976; Hull, 1992).

Los datos sobre las muestras incluidas en los análisis se resumen en las Tablas 7.1 y 7.2, mientras que su ubicación geográfica se puede observar en la Figura 7.1. En total se estudiaron cerca de 7000 elementos óseos recuperados en distintos sitios arqueológicos de las regiones Pampeana y Patagónica. Dos mil novecientos treinta y seis de dichos elementos corresponden a un mínimo de 183 individuos articulados (Tabla 1). Por individuos articulados se entiende aquellos que presentan *al menos* dos huesos largos (unidades anatómicas de mayor relevancia en este trabajo) asignables a un mismo espécimen.

La categoría "huesos sueltos" (HS), denominada siguiendo el criterio del catálogo de la División Antropología del Museo de La Plata (Lehmann-Nitsche, 1910), de donde proviene la mayor parte de estos elementos anatómicos, son aquellos elementos que no pueden ser asignados a un mismo individuo. Esta condición se debe a alguno o varios de los motivos que se mencionaron más arriba acerca de la conformación de las colecciones osteológicas. En algunos casos de excavaciones arqueológicas recientes tampoco es posible asociar elementos óseos de un mismo individuo por la disposición del hallazgo. Una descripción general de esta categoría de materiales analizados se resume en la Tabla 2.

Región	Abreviatura	Femeninos [a]	Masculinos	Indeterminados	Total
Delta	D	10	18	20	48
Buenos Aires Centro	BA Ce	1	5		6
Buenos Aires Sur	BA S	1	3	3	7
San Blas e Isla Gama*	SB-IG	2	4	3	9
Río Negro*	RN	8	9	1	18
Chubut Centro	CH Ce	5	27	1	33
Chubut Sur	CH S	2	12	-	14
Santa Cruz Noroeste	SC NO	10	13	4	27
Santa Cruz Costa	SC Co	2	7	-	9
Sur Patagonia Continental	SPC	2	10	-	12
Total		43	95	32	183

Tabla 7.1. Cantidad de individuos completos discriminados por muestra. *= estas muestras se analizaron conjuntamente bajo la denominación NEP (Noreste de Patagonia, ver descripción en el texto). [a]=Los análisis efectuados con este grupo requirieron un re agrupamiento de las muestras para lograr un tamaño muestral adecuado.

Región	Humero	Radio	Ulna	Clavícula	Fémur	Tibia	Fíbula	Sacro	Coxal	Escápula
Delta	49	33	25	33	44	49	7	6	10	-
Buenos Aires Centro	21	4	2	5	20	17	-	5	-	-
Buenos Aires Sur	-	-	-	-	7	-	-	-	-	-
San Blas- Isla Gama*	48	21	14	38	16	11	16	2	-	4
Río Negro*	12	1	3	-	50	38	5	-	-	-
Chubut Centro	323	176	158	68	167	258	7	27	33	34
Chubut Sur	13	12	11	10	31	14	8	8	5	5
Santa Cruz Costa	7	-	-	6	8	-	-	-	-	-
Sur Patagonia Continental	11	23	22	7	14	16	17	-	13	10
Total	484	270	235	167	350	403	60	48	61	53

Tabla 7.2. Cantidad de huesos sueltos discriminados por muestra.*=en epígrafe de Tabla 7.1.

La mayor parte de la muestra utilizada para este trabajo está alojada en el Museo de La Plata (ver Lehmann-Nitsche, 1910; Catálogo inédito de la División Antropología del Museo de La Plata, en adelante: "Catálogo inédito MLP"). Las muestras restantes fueron estudiadas en diferentes viajes efectuados a museos regionales y/o locales (ver Tabla 7.3). Como se mencionó más arriba, la calidad de las muestras en cuanto a los datos sobre procedencia, el estado de conservación y otros, difiere entre los distintos repositorios. De este modo, la proveniencia (origen geográfico) de los materiales tiene distintos grados de precisión. En excavaciones arqueológicas realizadas recientemente se conoce la localización exacta de los restos, estrato, cronología, etc. [e.g Sierra Colorada (Goñi y Barrientos, 2004) y Golfo San Matías (Favier Dubois et al., 2006; Favier Dubois et al., 2007)]. En el otro extremo en términos de calidad de la información, fueron estudiadas colecciones donadas por aficionados sin datos precisos de procedencia que fueron afectadas durante varios años por cambios de lugar y/o curadores. En este último caso se cuenta solamente con una aproximación regional de la ubicación original del hallazgo. Por estos motivos la información disponible para cada muestra es indudablemente dispar.

Figura 7.1. Ubicación geográfica de las muestras (abreviaturas en Tabla 7.1)

Institución	Ciudad/Localidad	Provincia	Origen geográfico de las muestras
Museo de La Plata	La Plata	Buenos Aires	Delta del Paraná, Buenos Aires, La Pampa, Río Negro, Chubut, Santa Cruz
IMHICIHU, DIPA, CONICET	Buenos Aires		Sur de Santa Cruz
INCUAPA	Olavarría	Buenos Aires	Golfo San Matías, Rio Negro
Museo "Gobernador Eugenio Tello"	Viedma	Rio Negro	Valle inferior del Rio Negro
Museo Regional Salesiano	Rawson	Chubut	Rawson, Chubut
Museo Regional Patagónico Profesor Antonio Garcés	Comodoro Rivadavia	Chubut	Sur Chubut
Museo Regional	Rada Tilly	Chubut	Chubut
Museo Regional Desiderio Torres	Colonia Sarmiento	Chubut	Centro–Sur Chubut
Museo del Hombre y su Entorno	Caleta Olivia	Santa Cruz	Costa Norte Santa Cruz
Museo Regional Rosa Novak	Puerto San Julián	Santa Cruz	Costa Centro Santa Cruz
Instituto Nacional de Antropología y Pensamiento Latinoamericano	Buenos Aires		Delta del Paraná, NO Santa Cruz
Museo Regional Provincial "Padre Manuel Jesús Molina"	Río Gallegos	Santa Cruz	Sur Santa Cruz
Instituto de la Patagonia (Universidad de Magallanes, Chile)	Punta Arenas	R. Magallanes y Antártica Chilena	Región de Magallanes

Tabla 7.3. Instituciones donde se estudiaron las muestras incluidas en este trabajo.

7.3 Descripción de las muestras por región

Delta

Esta muestra está constituida por dos conjuntos de materiales provenientes del humedal inferior del Paraná y Río de La Plata (islas del Delta, 34° 1' Latitud Sur; Loponte *et al.*, 2006): una parte colectada por expediciones del Museo de La Plata durante las primeras tres décadas del siglo XX y la otra obtenida en excavaciones recientes efectuadas por el equipo dirigido por los Dres. Alejandro Acosta y Daniel Loponte pertenecientes al Instituto Nacional de Antropología y Pensamiento Latinoamericano (Ciudad Autónoma de Buenos Aires).

La muestra alojada en el Museo de La Plata está compuesta por materiales recolectados por los Dres. Luis María Torres y Samuel Lothrop y los preparadores Antonio Castro y Bernardo Eugui, durante el primer cuarto del siglo XX (Torres, 1911; Torres, 1921; Torres, 1922; Catálogo inédito MLP). Los restos fueron excavados en el Túmulo I del Brazo Largo; Túmulo I del Brazo Gutiérrez; El Cerrillo (o Túmulo I Paraná Guazú, Torres, 1911); Arroyo Sarandí (afluente del R. Luján); Arroyo Marieta (proximidades R. Carabela); Arroyo Los Tigres (canal Guazú) y Arroyo La Garza (Catálogo inédito MLP). En el marco de su trabajo de tesis doctoral, Bernal (2008) obtuvo dataciones radiocarbónicas de dos individuos de esta muestra (a partir del tercer molar), una de ellas del mismo sitio de donde provienen los materiales que se analizan en este trabajo (Túmulo I Brazo Gutiérrez) y la otra Túmulo II del Paraná Guazú (Tabla 7.4). Estos fechados, de manera consistente con las otras vías de datación, arrojaron valores correspondientes al Holoceno tardío final.

Los materiales resultantes de excavaciones recientes provienen de los sitios Garín (34° 22´S), La Bellaca 1 (34° 23´S) (Loponte y Acosta, 2003) y Escuela 31 de Ibicuy (33° 44´S) (Loponte *et al.*, 2006; Mazza, 2008 com. pers.). Estos sitios son excavados y estudiados desde hace aproximadamente una década por el equipo dirigido por los Dres. A. Acosta y D. Loponte (Loponte y Acosta, 2002) y los materiales están actualmente alojados en el Instituto Nacional Antropología y Pensamiento Latinoamericano. Numerosos trabajos publicados por los miembros de este equipo han dado cuenta de las características de las poblaciones que habitaron la región y de su registro arqueológico sobre la base de distintas líneas de evidencia. Loponte y Acosta (2003) abordaron la arqueología regional; Loponte y colaboradores (2006) analizaron la complejidad social en grupos cazadores recolectores; Acosta y Pafundi (2005) estudiaron los aspectos zooarqueológicos de Cavia; Acosta y colaboradores (2007) realizaron estudios tafonómicos sobre la ictiofauna; Sacur Silvestre (2004) estudió la tecnología lítica mientras que Buc y Sacur Silvestre (2006) se encargaron de la tecnología lítica y ósea, entre otros. Se cuenta con dataciones radiocarbónicas efectuadas sobre material faunístico y restos humanos recuperados en los dos primeros sitios arqueológicos mencionados (Tabla 7.4).

Los individuos analizados pertenecieron a grupos cazadores recolectores pescadores del Holoceno tardío (Loponte *et al.*, 2004; Torres, 1911). La evidencia arqueológica sugiere que los recursos más utilizados fueron los peces (siluriformes), los ungulados (*Blastocerus dichotomus* y *Ozotocerus bezoarticus*) y en menor medida *Myocastor coypus*, *Cavia aperea* y moluscos (Loponte, 2007). Los análisis faunísticos indican que los peces constituyeron entre un 50 y un 60% de la biomasa animal consumida (Loponte *et al.*, 2004). Además, se recuperaron instrumentos formatizados específicamente para actividades relacionadas con la pesca (e.g. arpones de asta de ciervo, Acosta y Musali, 2002; Buc y Sacur Silvestre, 2006). Numerosas dataciones radiocarbónicas permiten situar cronológicamente a estas muestras entre los 1500 y 500 años antes del presente (Acosta *et al.*, 2007; Bernal, 2008; Loponte, 2007; Loponte *et al.*, 2004) (Tabla 7.4).

Buenos Aires

En esta muestra se incluyeron individuos provenientes de diversos sitios arqueológicos, algunos de ellos excavados a principios del siglo XX y otros recientemente. Los primeros provienen de los partidos de Olavarría (Lehmann-Nitsche, 1910; Stegmann, 1904), Saavedra (recogidos por uno de los preparadores del museo de las cercanías de la ciudad de Saavedra en 1918, Catálogo inédito MLP), Lobería [Túmulo de Malacara (Barrientos, 1997; Torres y Ameghino, 1913; Vignati, 1960)] y Bahía Blanca [recolectado por Beaufils en 1888, (Lehmann-Nitsche, 1910)] y pertenecen a la colección del Museo de La Plata.

Perez (2006) analizó los cráneos provenientes de Saavedra y en base a la deformación craneana artificial (tabular erecta plano-lámbdica) los asignó al Holoceno tardío final (*ca*. 1.500 -100 años AP). A su vez, los individuos procedentes del Túmulo de Malacara fueron asignados cronológicamente al Holoceno tardío inicial (*ca*. 2.500-1.500 años AP) en base a la deformación craneana artificial de tipo tabular oblicua, el tipo de entierro secundario y al ajuar funerario asociado (Madrid y Barrientos, 2000).

Por otro lado, los sitios excavados recientemente son Laguna Los Chilenos 1, ubicado sobre la laguna homónima, en el límite de los partidos de Tornquist y Saavedra (38° 3' S) (Barrientos, 1997) y el sitio Tres Reyes 1, en el partido de Gonzáles Chaves (37° 56' S) (Gutiérrez, 2004; Madrid y Barrientos, 2000). La muestra de Laguna Tres Reyes 1, cuyos individuos poseen deformación tabular oblicua, fueron datados entre 2470 ± 60 y 2245 ± 55 años ^{14}C AP (Madrid y Barrientos, 2000), mientras que la muestra de Laguna los Chilenos proporcionó un fechado de 470 ± 40 años ^{14}C AP (Barrientos *et al.*, 1997), por lo que ambas corresponden al Holoceno tardío.

Sitio	Muestra	Fechado (C^{14}años AP)	Código	Referencia
Garín	*B. dichotomus*	1060 ± 60	LP-240	Loponte et al, 2003
La Bellaca 1	*M. coypus*	1110 ± 70	LP-1288	"
Arroyo Sarandí	Humano	*ca.* 1300	-	Loponte, 2007
Túmulo II Paraná Guazú	Humano	*ca.* 850	-	Bernal, 2008

Tabla 7.4. Cronología de la muestra Delta a partir de fechados radiocarbónicos

Noreste de Patagonia

1. Río Colorado

Los restos de Río Colorado fueron recuperados en 1947 por la expedición del Dr. Emiliano Mac Donagh, entonces director del Museo de La Plata. Se trata de un cráneo y huesos largos hallados en la desembocadura (delta) del Río Colorado (Catálogo inédito MLP). Los huesos largos presentan abundante pigmento rojo. El cráneo fue asignado al Holoceno tardío por el tipo de deformación que presenta, tabular erecta variedad planolámbdica (Del Papa *et al.*, 2008).[2]

2. San Blas- Isla Gama

La península de San Blas y la Isla Gama se encuentran en el extremo sur del territorio de la Provincia de Buenos Aires. Los materiales provenientes de San Blas fueron excavados por Vignati en los años 1931 y 1932 (Catálogo inédito MLP; Vignati, 1931) y se encuentran alojados en el Museo de La Plata. La muestra obtenida por Vignati en 1931 procede de un sitio ubicado 1 km al oeste del "Cementerio de los Indios". El enterratorio se presentaba en una superficie de unos 40 metros de diámetro donde se hallaron entierros primarios y secundarios asociados a adornos labiales y auriculares, discos de piedra e instrumentos líticos de confección tosca. La mayoría de los esqueletos estaban pintados de rojo (Vignati, 1931).

---

[2] Cabe mencionar una particularidad de este cráneo, ya que exhibe evidencia de una práctica mortuoria sin precedentes en el área "presencia de pigmento rojo y marcas de corte cubriendo una amplia superficie, la alteración del foramen magnum por detrás del cóndilo occipital izquierdo, y la presencia de huesos pertenecientes al tarso y metatarso dentro de la cavidad endocraneana." (Del Papa *et al.*, 2008)

La Isla Gama (40° 3' S) está ubicada al noreste de la península de San Blas, a una distancia que no supera los 10 km. Los restos procedentes de Isla Gama fueron excavados por el Sr. Tobías Büchele –colono de San Blas- a fines del siglo XIX (Torres, 1922) y adquiridos por el Museo de La Plata en 1926 (Catálogo inédito MLP). Según el tipo de deformación craneana de los individuos de esta muestra (tabular erecta plano-lámbdica) fueron asignados al Holoceno tardío final (Colantonio, 1981; Perez, 2006).

Investigaciones arqueológicas más recientes indican que esta área habría sido ocupada por grupos cazadores recolectores desde el Holoceno medio (Beals *et al.*, 1984; Sanguinetti de Bórmida, 1999). Estos grupos habrían utilizado el litoral marítimo explotando tanto recursos marinos (principalmente otáridos, cetáceos, moluscos) como terrestres (guanaco predominantemente, venado de las pampas y en menor medida vizcacha, liebre patagónica, dasipódidos y huevos de rheidos). Los sitios arqueológicos, en su mayoría concheros de diversos diámetros y espesores, se hacen visibles cuando fenómenos erosivos generan hoyadas de deflación al remover el médano que los cubre. A partir de los 1500 años AP se registra en estos sitios la presencia de restos de alfarería (Eugenio y Aldazabal, 2004). En cuanto a la movilidad de estas sociedades, la evidencia indica un uso estacional de la costa aunque no se descarta la posibilidad del uso del litoral durante todo el año (Eugenio y Aldazabal, 2004).

Los fechados radiocarbónicos efectuados sobre estos materiales por Bernal y colaboradores (2008) y por Barrientos y colaboradores (2009), éstos últimos obtenidos en el marco del proyecto de Fundación Antorchas N° 14116-111 del cual la autora formó parte, entregaron edades correspondientes al Holoceno tardío (*ca.* 1.500 a 60 años ^{14}C AP) (Tabla 7.5).

Sitio	Muestra	Fechado (C^{14}años AP)	Código	Referencia
San Blas	Humano	593 ± 40	AA72636	Bernal *et al.* 2008
San Blas	Humano	1.461 ± 46	AA72629	"
San Blas	Humano	1.422 ± 72	AA82532	Barrientos *et al.* 2009
San Blas	Humano	1.476 ± 53	AA82531	"
San Blas	Humano	1.446 ± 69	AA82530	"
Isla Gama	Humano	1.487 ± 69	AA82529	"
Isla Gama	Humano	1.385 ± 53	AA82528	"

Tabla 7.5. Cronología de las muestras de San Blas e Isla Gama a partir de fechados radiocarbónicos

3. Río Negro

Los individuos que componen esta sub-muestra provienen de sitios localizados principalmente sobre el Litoral Atlántico -o en zonas adyacentes muy próximas- de la Provincia de Río Negro y son los más numerosos de la muestra Noreste de Patagonia. Debido a la cercanía geográfica, los análisis se llevaron a cabo considerando una única muestra junto a San Blas-Isla Gama y Río Colorado, como se explicó más arriba.

La muestra tiene su origen básicamente en dos áreas, el Valle Inferior del Río Negro y el Golfo de San Matías. A su vez, de la primera de estas áreas provienen restos obtenidos en diversas circunstancias. El Museo de La Plata aloja la mayoría de estos materiales. Una parte fue excavada por Francisco Moreno en el año 1893 (Lehmann-Nitsche, 1910) mientras que los huesos que presentan patologías fueron estudiados por Stegmann (1904). Se trata en su mayor parte de "huesos sueltos" (*i.e.* desarticulados) por lo que, debido principalmente a prácticas de conservación museísticas, los individuos a los que pertenecían han perdido su integridad anatómica original. Provienen de esta área también dos esqueletos de las proximidades de la actual ciudad de Viedma (40° 49' S), producto de donaciones. Uno de ellos fue encontrado en la circunvalación de Viedma, a unos 1000 m de la orilla del Río Negro por el Dr. Carlos Hildermann, médico de la gobernación, y donado a R. Lehmann-Nitsche en 1916 (Catálogo inédito MLP). El otro fue hallado a unos 5 Km. de la misma ciudad y donado por el Señor Cesáreo López a Lehmann-Nitsche en el mismo año (Catálogo inédito MLP). Por último, el Museo Gobernador Tello, en la ciudad de Viedma, aloja restos que forman parte de esta muestra hallados durante las obras del Instituto de Desarrollo del Valle Inferior de Río Negro (IDEVI) en la década de 1960 (A. Peronja, 2006 com. pers.). Si bien los fechados radiocarbónicos existentes para restos humanos procedentes de las colecciones del valle inferior del Río Negro depositadas en las colecciones de la división antropología del Museo de La Plata (Barrientos *et al.*, 2009; Bernal *et al.*, 2008), no fueron obtenidos a partir de los huesos analizados en este trabajo, éstos claramente indican que los entierros recuperados en distintos sectores de esta área corresponden al Holoceno (*ca.* 3.300 a 400 años 14C AP) (Tabla 7.6).

El área costera del Golfo San Matías es objeto de excavaciones sistemáticas desde el año 2003 por el equipo dirigido por los Dres. F. Borella y C. Favier Dubois. Estos trabajos están generando, a partir de diferentes líneas de evidencia, profusa información sobre las poblaciones que habitaron el área. La costa de la Provincia de Río Negro se extiende a lo largo de aproximadamente 350 km y se caracteriza por el abundante registro arqueológico distribuido en superficie. Se localizaron cerca de 50 sitios arqueológicos, la mayoría de ellos concheros y también concentraciones de material lítico (Favier Dubois *et al.*, 2006). Los restos humanos aparecen tanto en superficie como en estratigrafía, en entierros primarios y secundarios. A su vez, se han estudiado materiales que provienen de colecciones particulares de pobladores locales (Favier Dubois *et al.*, 2007). Estos restos corresponden a pequeños grupos de cazadores recolectores que habitaron el norte de la Patagonia y que se movían a lo largo del año aprovechando diferentes recursos, entre ellos los costeros (Favier Dubois *et al.*, 2006). Si bien se estima, por consideraciones paleogeográficas, que las ocupaciones más antiguas corresponden a momentos del Holoceno medio (*ca.* 6000 años AP), las dataciones obtenidas por fechados radiocarbónicos sobre restos humanos arrojaron fechas correspondientes al Holoceno tardío (Tabla 7.6) (Favier Dubois *et al.*, 2009). El análisis isotópico efectuado sobre restos humanos ($\delta^{13}C$ y $\delta^{15}N$) indicaría un cambio en la paleodieta desde un uso intensivo de los recursos marinos (desde los 3.100 hasta los 2.200 años antes del presente) hacia dietas mixtas a terrestres en un período más tardío (1.500 a 420 años antes del presente).

Chubut Centro

Los individuos que componen esta muestra fueron recuperados por Santiago Pozzi en el año 1893, en el marco de una expedición del Museo de La Plata, e incorporados a la colección del mismo museo (Lehmann-Nitsche, 1910). Provienen de entierros ubicados en las cercanías de la ciudad de Trelew, en el valle inferior del río Chubut. Una parte minoritaria de este material se conservó en el museo como especímenes articulados, conservando así la integridad anatómica de cada individuo. El resto de los materiales fue separado por elemento anatómico y forman parte de la sección llamada "Huesos Sueltos" del respectivo catálogo. Los cráneos correspondientes a esta muestra presentan dos tipos de deformación artificial: tabular erecta plano-frontal y plano-lámbdica. Algunos de ellos no manifiestan deformación. Gómez Otero y Dahinten (1997-1998) detectaron una correspondencia entre el tipo de deformación craneana y la antigüedad -basada en fechados radiocarbónicos- de individuos que recuperaron recientemente en esta misma zona. Observaron la ausencia de deformación hacia el 2.500 AP, deformación plano-frontal entre 1.900-1.500 años AP y plano-lámbdica después del 1.000 AP. Los fechados radiocarbónicos obtenidos a partir de muestras pertenecientes a la colección MLP incluidas en este trabajo (costillas de 5 individuos procesadas con AMS en el Laboratorio NSF-Arizona) permiten asignarlos al Holoceno tardío, entre *ca.* 900 y 1600 años ^{14}C AP (Barrientos *et al.*, 2009) (Tabla 7.7).

Sitio	Muestra	Fechado (C^{14} años AP)	Código	Referencia
Bahía Final	Humano	796 ± 45	AA75707	Favier Dubois *et al*, 2009
Islote Lobos	Humano	2.670 37	AA75713	"
El Buque Sur	Humano	2.195 ± 49	AA70720	Favier Dubois *et al*, 2007
	Humano	2.300 ± 49	AA70719	"
Centro Minero	Humano	689 ± 44	AA75712	Favier Dubois *et al*, 2009
	Humano	1.513 ± 48	AA75711	"
Bajo de la Quinta-	Humano	1.173 ± 45	AA75710	"
Cima de los Huesos	Humano	1.225 ± 47	AA70721	Favier Dubois *et al*, 2007
San Antonio Oeste-Barrio Alplat	Humano	2.330 ± 49	AA75704	Favier Dubois *et al*, 2009

Tabla 7.6. Cronología de las muestras del Golfo San Matías a partir de fechados radiocarbónicos

Sitio	Muestra	Fechado (C^{14} años AP)	Código	Referencia
Cementerios Antiguos del Valle del Rio Chubut	Humano	942 ± 53	AA82525	Barrientos et al, 2009
	Humano	980 ± 54	AA82524	"
	Humano	1,191 ± 53	AA82523	"
	Humano	1,218 ± 69	AA82526	"
	Humano	1,562 ± 66	AA82527	"

Tabla 7.7. Cronología de la muestra Chubut Centro a partir de fechados radiocarbónicos sobre restos humanos.

Chubut Sur

Los individuos que conforman esta muestra provienen de varios entierros del sur de la Provincia de Chubut, tanto de la zona costera como de la meseta. La mayor parte está alojada en el museo regional Profesor Antonio Garcés, en la ciudad de Comodoro Rivadavia, Provincia de Chubut. Los materiales fueron recuperados a mediados del siglo XX por el Profesor Garcés, principalmente en los alrededores de Comodoro Rivadavia y en la región de los Lagos Musters y Coluhe Huapi. Esta colección también cuenta con donaciones de pobladores de la zona (Catálogo inédito Museo Garcés). La información disponible para cada individuo es muy escasa, sólo en algunos casos hay indicaciones del lugar de proveniencia de los entierros (Catálogo inédito Museo Garcés) (Béguelin, 2007). Un individuo de esta muestra proveniente de un enterratorio tipo chenque en Bella Vista, a unos 12 km de la costa (45° 48' S) fue datado por radiocarbono en 2.531 ± 45 años AP (Arrigoni y Guichón, 2004). Dado que hasta el presente en contextos costeros no se han fechado restos humanos con antiguedades superiores a los 3.000 años ^{14}C AP, es razonable pensar que la mayoría, si no la totalidad de los restos humanos disponibles, corresponden al Holoceno tardío. Actualmente personal del museo y estudiantes de la Universidad Nacional de la Patagonia San Juan Bosco se encuentran realizando tareas de conservación, recuperación de información, catalogación y registro del material. A su vez, se incluyó un individuo recuperado de un contexto de conchero, en ocasión de un rescate en Rada Tilly (Pérez Ruiz, 2006 com. pers.). Este espécimen se encontraba resguardado en la Universidad Nacional de la Patagonia San Juan Bosco cuando fue estudiado para este trabajo.

Otra porción de esta muestra se aloja en el Museo Regional Rada Tilly, Chubut. Esta colección se constituyó inicialmente y se incrementa en la actualidad fundamentalmente a partir de los hallazgos arqueológicos originados a causa del crecimiento del ejido urbano de esta localidad. Diversos rescates y donaciones de vecinos han dado origen a este conjunto de restos (Arrigoni, 2006 com. pers.). También componen esta muestra materiales alojados en el Museo Regional Desiderio Torres, Colonia Sarmiento, Chubut. Esta colección está compuesta por huesos sueltos, producto de donaciones efectuadas por vecinos de la localidad. Según consta en el registro del museo, los materiales fueron colectados en las proximidades del Lago Musters.

Por último se incluyeron en esta muestra individuos provenientes de Bahía Solano, Chubut, ubicada a los 45° 39' de latitud Sur sobre la línea de la costa. Fueron recuperados por M. E. Villagra Cobanera en el año 1945 e incorporados a la colección del Museo de La Plata (Villagra Cobanera, 1945).

Santa Cruz Costa (Norte)

En esta muestra se incluyeron individuos procedentes de la costa norte de provincia de Santa Cruz, en particular desde las proximidades de Caleta Olivia hasta el sur de Puerto Deseado.

El sitio Heupel, el más septentrional de esta muestra (46° 29' S), fue excavado en el marco de un rescate en 1989 y se encuentra a unos 3 kilómetros al sur de la ciudad de Caleta Olivia, sobre la última terraza marina (Salceda *et al.*, 1999-2001). Es un chenque en cuyo interior se halló un enterratorio múltiple (un adulto y dos subadultos) con un ajuar consistente en placas de cobre y punzones de hueso. Por las características del ajuar, los autores sugieren que se trata de un enterratorio tardío, posiblemente del período de contacto (Castro y Moreno, 2000; Salceda *et al.*, 1999-2001). Por su parte, se incluyeron también materiales de Bahía Lángara situada unos 35 kilómetros al sur de Caleta Olivia. Los individuos de esta procedencia son producto de un rescate y se hallaron en la ladera de un cerro sobre la costa (Gribaudo, 2006, com. pers.). Los materiales de la Muestra Santa Cruz Norte mencionados hasta aquí están depositados en el Museo del Hombre y su Entorno, en la localidad de Caleta Olivia, Santa Cruz.

Un individuo de esta muestra proviene del sitio Campo de Chenques en Punta Medanosa (48° 0' S), Bahía de los Nodales, al sur de Puerto Deseado (Castro y Moreno, 2000). Fue excavado en el año 2004 por el equipo de Rafael Goñi (INAPL) en colaboración con el equipo de Alicia Castro (Museo de La Plata). La estructura funeraria tipo chenque contenía un entierro primario individual con características similares a los entierros de este tipo que se encuentran en la zona (Goñi *et al.*, 2006). Este material se encontraba transitoriamente depositado en el Museo de La Plata cuando fue estudiado para este trabajo.

Finalmente, se incluyeron en esta muestra materiales provenientes de la actual ciudad de Puerto Deseado ubicada en los 47° 45' S, recuperados por una expedición del Museo de La Plata en el año 1928 e ingresados a su colección, donde se hallan depositados (Catálogo inédito MLP).

Si bien no se poseen fechados radiocarbónicos, al menos los casos de Heupel y Campo de Chenques pueden ser asignados al Holoceno tardío en base a la abundante información contextual disponible.

Santa Cruz Noroeste

Esta muestra está compuesta en su mayoría por individuos provenientes de la localidad arqueológica Sierra Colorada, ubicada en el Noroeste de la Provincia de Santa Cruz, en la cuenca del Lago Salitroso (47° 28' de Latitud Sur). Se trata de una cuenca baja con alturas de entre 100 y 300 msnm con reparos en forma de aleros y médanos, constituyendo un gran bajo rodeado de cerros y mesetas que se continúa hacia el Oeste en la cuenca del Lago Posadas. Esta área comenzó a ser excavada sistemáticamente por el equipo dirigido por el Lic. R. Goñi hace más de una década (Goñi y Barrientos, 2000). Se han recuperado hasta el momento más de 70 individuos con diferente grado de integridad, dispuestos en aproximadamente 15 sitios que presentan sólo entierros humanos (García Guraieb, 2006). En su mayoría son entierros primarios y múltiples que aparecen en tres modalidades funerarias correspondientes a diferentes cronologías dentro del Holoceno tardío: nichos y entierros bajo bloque (con fechados radiocarbónicos que los sitúan entre *ca.* 2.800 y 2.200 años ^{14}C AP) y chenques (fechados entre *ca.* 1.200 y 350 años ^{14}C AP) (Tabla 7.8). En general, los entierros aparecen formando concentraciones de varias estructuras situadas sobre las geoformas elevadas que rodean a la cuenca (Goñi y Barrientos, 2004). Asociadas con algunas estructuras funerarias se halló escaso material: cuentas de vidrio, metal y valvas, artefactos líticos (puntas, raspadores y cuchillos) cerámica y una placa de cobre (Cassiodoro *et al.*, 2004). Actualmente esta muestra se aloja en el Instituto Nacional de Antropología y Pensamiento Latinoamericano (Ciudad Autónoma de Buenos Aires).

En este grupo se incluyeron también individuos de similar procedencia pertenecientes a la colección osteológica del Museo de la Plata. Se conservó la denominación Sierra Colorada (SAC) para la muestra total, dado que la mayoría de los individuos provienen de esa localidad arqueológica. Entre éstos se cuentan materiales recuperados en el año 1925 por Vignati y González de Los Toldos, a Orillas del Río Caracoles, Estancia Alto Río Pinturas (Catálogo inédito MLP) y restos excavados en un chenque cerca de Río Fénix por la expedición de Hauthal en 1902 (Lehmann-Nitsche, 1910).

Sitio	Tipo de entierro	Fechado (C ^{14} años AP)	Referencia
Sierra Colorada	chenque	352 ± 40	(Goñi *et al.*, 2000-2002)
	chenque	380 ± 40	(Tessone *et al.*, 2009)
	chenque	389 ± 40	(Goñi *et al.*, 2000-2002)
	chenque	418 ± 40	(Tessone *et al.*, 2009)
	chenque	424 ± 39	"
	chenque	539 ± 46	"
	chenque	622 ± 57	(Goñi *et al.*, 2000-2002)
	chenque	662 ± 43	(Tessone *et al.*, 2009)
	chenque	687 ± 43	"
	chenque	690 ± 40	(Goñi *et al.*, 2000-2002)
	chenque	720 ± 39	(Tessone *et al.*, 2009)
	chenque	756 ± 32	"
	chenque	1142 ± 42	(Goñi *et al.*, 2000-2002)
	chenque	1147 ± 37	"
	bloque	2274 ± 41	(Tessone *et al.*, 2009)
	bloque	2494 ± 43	(Goñi *et al.*, 2000-2002)
	nicho	2520 ± 40	"
	bloque	2532 ± 41	"
	nicho	2607 ± 41	"

Tabla 7.8. Cronología de la muestra Santa Cruz Noroeste a partir de fechados radiocarbónicos sobre restos humanos provenientes de Sierra Colorada.

Sur Patagonia Continental

En esta muestra se incluyeron individuos provenientes del sur de la provincia de Santa Cruz y de la Región de Magallanes, Chile. La información disponible para cada material de esta muestra es particularmente muy variable en calidad y cantidad, debido al carácter disperso del registro bioarqueológico de esta región.

De la zona costera de la provincia de Santa Cruz se analizaron materiales -producto de donaciones- depositados en el Museo Regional Rosa Novak, de la localidad de Puerto San Julián. Estos restos fueron analizados por el Dr. R. Guichón y colaboradores (2001). Según el registro del museo, una parte del material proviene de Monte León (50° 13' S) y los demás restos fueron hallados en las proximidades de San Julián (49° 17' S).

En el Museo Regional Provincial "Padre Manuel Jesús Molina" de Río Gallegos se analizaron materiales de la zona que fueron recolectados por el Padre Molina a mediados del siglo XX. Una parte de esta colección proviene de la Estancia La Argentina (Sitio La Picana 1; 51° 53' S).

El sitio Orejas de Burro 1 es una cueva basáltica que se encuentra en el campo volcánico Pali Aike al sur de la Provincia de Santa Cruz (52° 07' S). El material arqueológico recuperado fue asignado al Holoceno tardío. Específicamente se obtuvieron fechados correspondientes a dos grandes bloques temporales: Holoceno tardío inicial (*ca.* 3.500 años ^{14}C AP) y final (*ca.* 1.700-500 años ^{14}C AP). En el interior de la cueva se produjo el hallazgo de un enterratorio múltiple datado en *ca.* 3.565 ± 45 años ^{14}C AP (Barberena *et al.*, 2006) (Tabla 7.9). Las evidencias arqueofaunísticas indican un uso más intenso de la cueva durante el primer bloque temporal, momento cuando especies procedentes de la costa del estrecho de Magallanes (moluscos y aves marinas) aparecen más representadas (L'Heureux, 2008).

En el extremo sureste de la provincia de Santa Cruz se encuentra el sitio Cabo Vírgenes (52° 19' S), en el que se excavó un entierro primario múltiple en una estructura de tipo chenque emplazado a pocos metros de la costa. Se recuperaron dos individuos en buen estado de conservación y parcialmente articulados (L'Heureux et al., 2003). Una datación radiocarbónica efectuada sobre material óseo humano permitió asignar este entierro al Holoceno tardío final (Tabla 7.9). El material del sitio estudiado para este trabajo se encuentra depositado en el Instituto Multidisciplinario de Historia y Ciencias Humanas, Departamento de Arqueología y Prehistoria (Imhicihu, Dipa) CONICET, Ciudad Autónoma de Buenos Aires.

Los individuos de la Región de Magallanes proceden en su mayoría de la costa norte del Estrecho de Magallanes. Una parte de la información sobre esta muestra se obtuvo del inventario de Instituto de la Patagonia, Universidad de Magallanes. Los materiales fueron recuperados en los siguientes sitios arqueológicos: **a. Posesión**: se trata de un entierro ubicado sobre la costa norte del Estrecho (52°17'S Ortiz Troncoso, 1972); **b. Cerro Johnny**: corresponde a un individuo hallado en una pequeña cueva en un cerro volcánico del campo de lava Pali Aike, localizado en la estancia Brazo Norte, Región de Magallania

(53°03`S Martinic, 1976). Presenta un muy buen estado de preservación, con restos de tejido blando. Se lo encontró asociado a una pequeña bolsa de cuero, y piezas de cuero, probablemente de guanaco, pintadas con diseños geométricos en color rojo, ocre, amarillo, negro, verdoso y blanco (Martinic, 1976). El especímen fue fechado sobre la base de dos dataciones radiocarbónicas entre 390 ± 60 y 480 ± 70 años ^{14}C AP. El esqueleto presenta daños producidos por la acción de carnívoros (Martin, 2006); **c. San Gregorio 11 y 12**: corresponden a entierros simples en chenques. El primero se halló a los pies de una terraza a 40 mts del mar (52° 35' S). Este esqueleto se encontró en posición flexionada decúbito lateral izquierdo, cubierto con pigmento rojo y piedras, y asociado a lascas (Massone, 1984). El entierro San Gregorio 12 se ubica en Punta Delgada (52° 33' S, Catálogo inédito del Instituto de la Patagonia); **d. Juni Aike 6**: este sitio se encuentra ubicado en el curso inferior del río Gallegos Chico (52° S). Corresponde a un entierro primario de tipo chenque ubicado en la base de un alero. El esqueleto se encontró en posición extendida, ventral y con restos de pigmento de coloración rojiza. En asociación directa con el esqueleto se encontraron dos raederas/cuchillos, un artefacto en forma de punta, una boleadora y una lasca de obsidiana negra (Aguilera y Grendi, 1996); **e. Bahía Santiago 2**: es un chenque ubicado a 40 m de la costa de la bahía Santiago (52° 29' S). Se encontraron al menos 5 individuos de diferentes edades y asociados a material lítico (lascas de silex, obsidiana verde) y un retocador óseo. Los cráneos habían sido saqueados (Prieto, 1993-1994); **f. Bahía Santiago 4**: se trata de individuos hallados en un entierro de tipo chenque, ubicado en 59° 29'S. Asociado al mismo se encontró obsidiana verde y restos de pigmentos; **g. Bahía Laredo 1**: el individuo correspondiente a este entierro se encontró en un sitio tipo conchero, ubicado en 52° 56' S. Fue obtenido mediante un rescate arqueológico realizado en 1987 por Cárdenas y Prieto (Prieto, 1988); **h. Daniel Este**: ubicado en 59° 19' S es un enterratorio en posición flexionada, el cráneo presenta deformación fronto-occipital; **i. Punta Satélite**: conformado por un entierro tipo chenque ubicado en 52° 32' S que no presentaba el cráneo. Los individuos procedentes de esta área se encuentran depositados en el Instituto de la Patagonia, Universidad de Magallanes (Punta Arenas, Chile).

Sitio	Muestra	Fechado (C^{14} años AP)	Código	Referencia
Orejas de Burro 1	Humano	3.565 ± 45	Ua-23097	L'Heureux, 2008
Cabo Vírgenes	Humano	900 ± 40	GX-27867	(Borrero y Franco, 2000)
Cerro Johnny	Humano	390 ± 60	B-4996	Martin, 2006
	Humano	480 ± 70	B-5013	"

Tabla 7.9. Cronología de las muestras del Sur de Patagonia Continental a partir de fechados radiocarbónicos

También se incluyeron en este grupo restos de individuos recuperados por aficionados en el sur de la provincia de Santa Cruz, que fueron donados al Museo de La Plata (Catálogo inédito MLP) sin mayores referencias. Por último, esta muestra comprende materiales provenientes del Cerro Guido (50° 52' S) recuperados por Hautal en 1899 (Lehmann-Nitsche, 1910).

7.4 Relevancia de las muestras analizadas para el estudio propuesto

Dado que el objetivo general de este trabajo es abordar el estudio de la relación entre el clima y la morfología del esqueleto postcraneal de poblaciones humanas de Pampa y Patagonia continental correspondientes al Holoceno tardío, un aspecto central es discutir la relevancia de las muestras utilizadas para el análisis propuesto.

Resulta necesario destacar que las mismas representan, estimativamente, un alto porcentaje del total de las muestras actualmente disponibles para su estudio, si bien no es posible cuantificar con mayor precisión este aspecto debido a la escasez, dificultad de acceso y falta de integración de la información referida al contenido de los diferentes repositorios de restos óseos humanos a nivel provincial y nacional. La representación de casos por región (Tablas 7.1 y 7.2) puede estar reflejando parcialmente la accesibilidad diferencial a muestras en función de aspectos vinculados con las prácticas de investigación y organización museística pasadas y presentes, pero también puede ser entendida como una medida indirecta de las diferencias interregionales en la dinámica de las poblaciones humanas del pasado (particularmente demografía y formas de organización social, económica y simbólica) y en las propiedades de cada ambiente para promover la destrucción o la conservación de restos óseos humanos a mediano y largo plazo.

Otro aspecto a discutir con el fin de evaluar la relevancia de las muestras utilizadas en vinculación con el objetivo propuesto, es la relación existente entre el lugar de entierro (y por lo tanto de recolección) de cada individuo y el área geográfica en la cual transcurrió la mayor parte de su vida, particularmente durante el período de crecimiento y desarrollo. Como fuera mencionado, el patrón básico de subsistencia de las poblaciones implicadas fue la caza y recolección, que requiere una organización espacial de las actividades basada en grados variables de movilidad residencial y logística (Binford, 2001; Kelly, 1983; 1995). Entre cazadores-recolectores, en general, tiende a haber una congruencia espacial en sentido amplio entre el lugar de entierro de cada individuo y las áreas geográficas donde un grupo o población realiza sus actividades en el mediano y largo plazo (*i.e.* rangos de acción y territorios). En este sentido, se espera que el lugar donde los restos de cada individuo fueron enterrados y posteriormente recolectados, esté en relación con las áreas habitualmente utilizadas por su grupo de pertenencia. Un factor que podría afectar esta relación sería la existencia de prácticas que impliquen el traslado de los restos hacia áreas situadas fuera de los rangos de acción o territorios habitualmente utilizados por cada sociedad. Si bien existen datos etnográficos indirectos que indicarían esta posibilidad para el caso del sector costero del noreste de Patagonia [Falkner 1974 (1774)], éstos no encuentran sustento ni en la crítica ni en la información arqueológica disponible. En efecto, la información isotópica (isótopos estables del C y N e isótopos del Sr) existente para esa zona del norte Patagonia y para otras áreas, tanto de Patagonia Continental como de la Región Pampeana, indica que, en general, las muestras de restos humanos recuperadas en distintas localidades tienden a reflejar las condiciones ambientales locales o regionales en términos de la disponibilidad de recursos (isótopos estables del C y N) y de la geología e hidrología (isótopos del Sr) [la literatura a este respecto es extensa, pudiéndose mencionar, entre otros, a Barberena (2002); Barberena *et al.* (2009); Panarello *et al.* (2006); Tessone *et al.* (2009)]. En consecuencia, se considera que las coordenadas geográficas correspondientes a cada localidad donde fueron recuperados los individuos que componen las muestras analizadas, constituyen un *proxy* adecuado, dentro de ciertos límites, de la zona geográfica habitada por cada individuo a lo largo de su vida.

8. Métodos
Selección de las variables

Las variables fueron seleccionadas a fin de contar con proxies del tamaño corporal, masa corporal y de las longitudes de los cuatro segmentos más importantes del esqueleto apendicular. Estas medidas y sus combinaciones dieron cuenta de las proporciones de los miembros y de las diferentes partes del cuerpo (forma), así como del tamaño total de éste (Holliday, 1997b; Holliday, 1999; Ruff, 1993; Trinkaus, 1981).

El tamaño y masa corporal así como la estatura, no pueden ser obtenidos directamente de especímenes arqueológicos, pero pueden ser estimados a partir de diferentes modelos (Damuth y MacFadden, 1990), *e.g.* modelos de regresión. Sin embargo, a los efectos de contrastar las hipótesis planteadas en este trabajo fue suficiente utilizar *proxies* de dichos parámetros. Se puede citar como ejemplo el uso de un índice como diámetro de la cabeza del fémur/longitud del fémur, que está correlacionado con la variable de la que se quiere obtener información, en este caso masa corporal (Raxter *et al.*, 2006). Esta metodología permite trabajar con muestras mayores y sin los errores asociados con los métodos de estimación.

8.1 Registro de datos y estimación de parámetros.

Se procedió al registro de variables morfométricas mediante técnicas de la morfometría tradicional para el análisis de muestras de colección y de excavación. Para evaluar la variación morfológica postcraneal se seleccionaron 46 variables métricas (distancias lineales y perimetrales), correspondientes a 10 unidades anatómicas del esqueleto postcraneal (*i.e.* húmero, radio, ulna, escápula, clavícula, fémur, tibia, fíbula, sacro y coxal) siguiendo la metodología de Martin y Saller (1957), y las recomendaciones de Buikstra y Ubelaker (1994) (Tabla 8.1 y Figuras 8.1 a 8.9).

Para el relevamiento métrico, se utilizó la pieza del lado izquierdo y en aquellos individuos en los cuales no estuvo presente, se utilizó el del lado derecho. Se emplearon, según los casos, calibre de corredera digital de 0,01 mm de precisión, calibre de ramas curvas analógico, cinta métrica y tabla osteométrica de 1 mm de precisión.

Elemento	Variable	Abreviatura	Instrumento
Húmero	1 Longitud máxima	HLM	TO
	2 Longitud Fisiológica	HLF	TO
	3 Ancho Epicondilar	HAE	TO
	4 Diámetro vertical de la cabeza	HDVC	CC
	5 Diámetro máximo en el medio (de la diáfisis)	HDMM	CC
	6 Diámetro mínimo en el medio (de la diáfisis)	HDM_M	CC
	7 Perímetro mínimo	HCMM	CM
Radio	8 Longitud máxima	RLM	TO
	9 Diámetro anteroposterior (sagital) al medio	RDS	CC
	10 Diámetro medio-lateral (transversal) al medio.	RDT	CC
	11 Perímetro mínimo	RCM	CM
Ulna	12 Longitud máxima	ULM	TO
	13 Diámetro anteroposterior (dorso palmar)	UDAP	CC
	14 Diámetro medio lateral (transverso)	UDML	CC
	15 Longitud fisiológica	ULF	RC
	16 Perímetro mínimo	UCM	CM
Clavícula	17 Longitud máxima	CLM	TO
	18 Diámetro anterior (sagital-posterior) al medio	CDA	CC
	19 Diámetro superior (vertical-inferior) al medio	CDS	CC
	20 Perímetro en la parte media de la diáfisis	CCC	CM
Fémur	21 Longitud máxima	FLM	TO
	22 Longitud bicondilar	FLB	TO
	23 Ancho epicondilar	FAE	TO
	24 Diámetro máx. de la cabeza	FDMC	CC
	25 Diámetro antero-posterior (sagital) subtrocantérico	FDSS	CC
	26 Diámetro medio-lateral (tranversal) subtrocantérico	FDTS	CC
	27 Diámetro sagital al medio	FDS	CC
	28 Diámetro transversal al medio	FDT	CC
	29 Perímetro al medio de la diáfisis	FCM	CM

Tabla 8.1. Variables relevadas, abreviatura e instrumental empleado en la medición. CC: calibre de corredera; RC: calibre de ramas curvas; CM: cinta métrica; TO: tabla osteométrica (*continúa*).

(*continúa de la página anterior*)

Elemento	Variable	Abreviatura	Instrumento
Tibia	30 Longitud	TL	TO
	31 Ancho máximo de la epífisis proximal	TAMEP	TO
	32 Ancho máximo de la epífisis distal	TAMED	TO
	33 Diámetro máximo en el foramen nutricio	TDMF	CC
	34 Diámetro transverso en el foramen nutricio	TDTF	CC
	35 Perímetro en el foramen nutricio	TCF	CM
	36 Perímetro mínimo	TCM	CM
Peroné	37 Longitud máxima	PLM	TO
	38 Diámetro máximo al medio	PDM	CC
	39 Perímetro mínimo	PCM	CM
Escápula	40 Altura	EAL	CC
	41 Ancho	EAN	CC
Sacro	42 Longitud anterior	SL	CC
	43 Ancho anterior superior	SA	CC
	44 Diámetro transverso máximo de la base	SD	CC
Coxal	45 Altura	XAL	TO
	46 Ancho Ilíaco	XAN	CC

Tabla 8.1. Variables relevadas, abreviatura e instrumental empleado en la medición. CC: calibre de corredera; RC: calibre de ramas curvas; CM: cinta métrica; TO: tabla osteométricaEn las figuras 8.1 a 8.9 se ilustran las variables relevadas [modificadas a partir de Buikstra y Ubelaker (1994)].

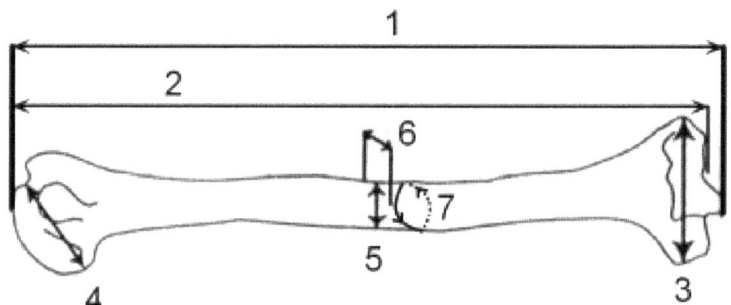

Figura 8.1. Variables relevadas en el húmero (referencias en la Tabla 8.1).

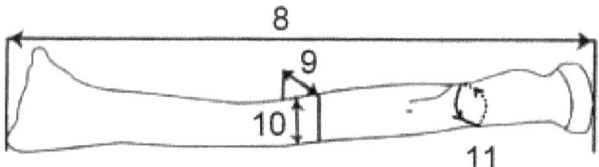

Figura 8.2. Variables relevadas en el radio (referencias en la Tabla 8.1).

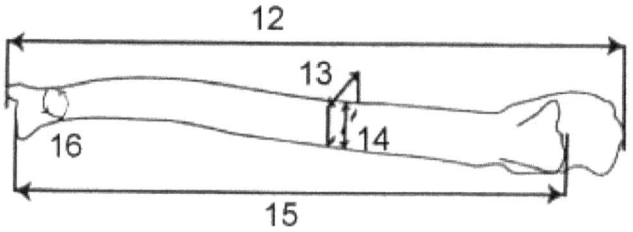

Figura 8.3. Variables relevadas en la ulna (referencias en la Tabla 8.1).

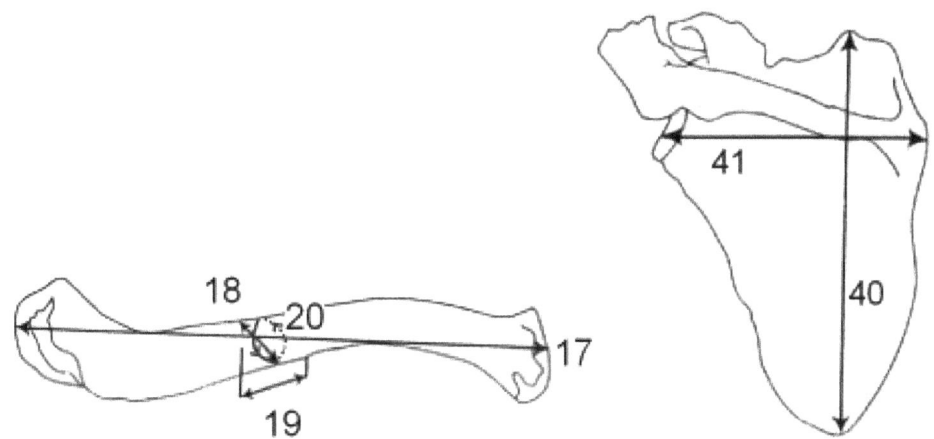

Figura 8.4. Variables relevadas en la clavícula a la izquierda y en la escápula a la derecha (referencias en la Tabla 8.1).

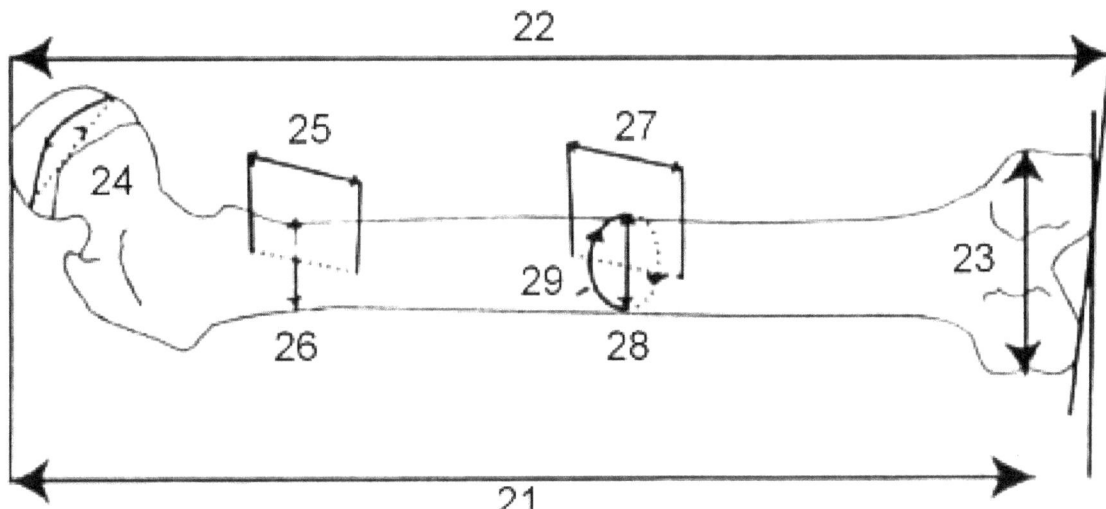

Figura 8.5. Variables relevadas en el fémur (referencias en la Tabla 8.1).

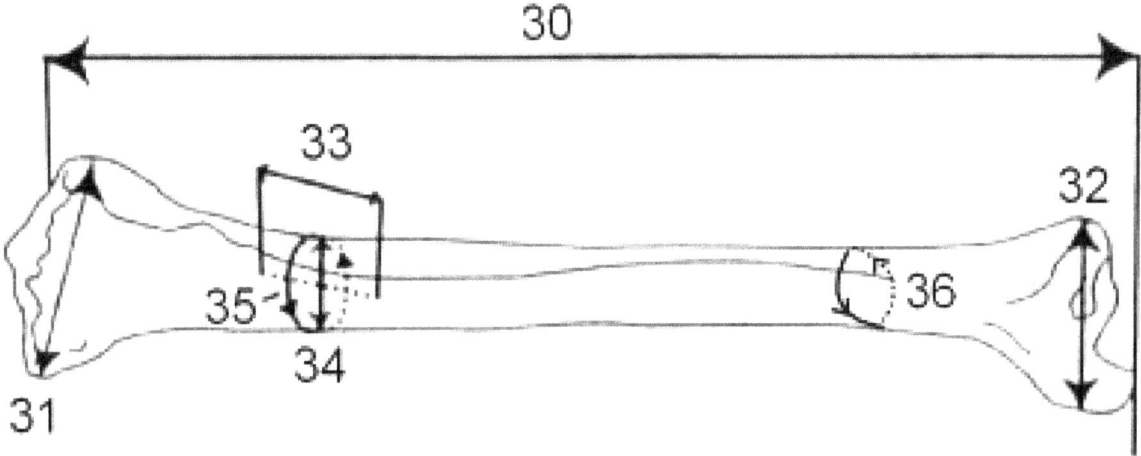

Figura 8.6. Variables relevadas en la tibia (referencias en la Tabla 8.1).

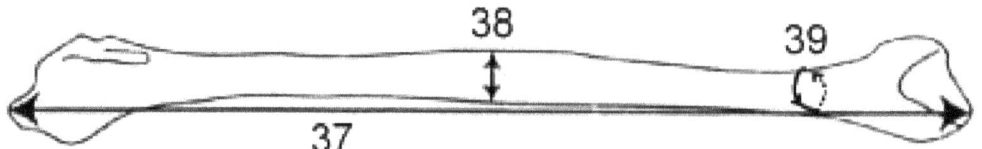

Figura 8.7. Variables relevadas en la fíbula (referencias en la Tabla 8.1).

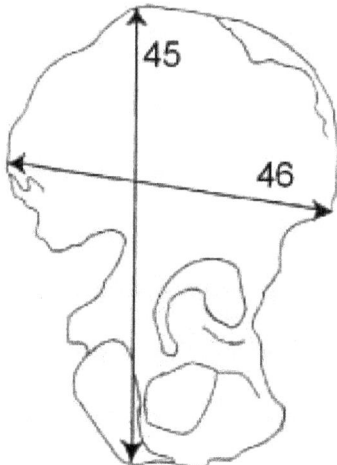

Figura 8.8. Variables relevadas en el coxal (referencias en la Tabla 8.1).

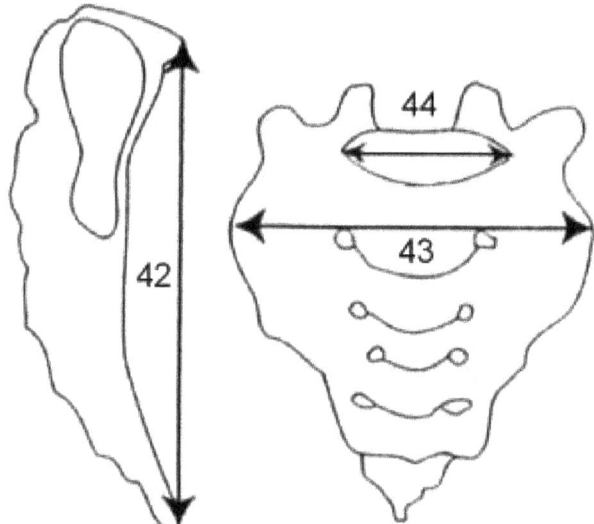

Figura 8.9. Variables relevadas en el sacro (referencias en la Tabla 8.1).

Durante el desarrollo de los estudios se encontró que algunas de las unidades anatómicas y de éstas, algunas de las medidas, aportaban mayor información para evaluar la relación entre clima y morfología en poblaciones humanas. Además, dadas las características de las muestras -detalladas en el Capítulo 7- se halló que determinados elementos óseos que constituirían una fuente de variación interesante para evaluar las hipótesis planteadas, no estaban suficientemente representados en las muestras disponibles. Esto fue un impedimento para formar una cantidad de muestras con tamaños suficientes para efectuar los análisis. Por ello, se decidió evaluar las hipótesis planteadas en este trabajo utilizando un subconjunto de las variables morfométricas originalmente propuestas, además de índices, sumas y ejes multivariados (*i.e.* componentes principales) calculados a partir de las mismas. Estas variables se detallan en la Tabla 8.2.

Elemento	Variable	Abreviatura
Húmero	2 Longitud Fisiológica	HLF
	3 Ancho Epicondilar	HAE
	4 Diámetro vertical de la cabeza	HDVC
	7 Perímetro Mínimo	HCMM
	Cociente 4/2	HDVC/HLF
	Suma (2+3+4+7)	Suma
	Componente Principal 1 (de 2,3,4 y 7)	CP1
Radio	8 Longitud máxima	RLM
	9 Diámetro anteroposterior (sagital) al medio	RDS
	10 Diámetro medio-lateral (transversal) al medio	RDT
	11 Perímetro Mínimo	RCM
	Suma (8+9+10+11)	Suma
	Componente Principal 1 (de 8,9,10 y 11)	CP1
Fémur	21 Longitud máxima	FLM
	22 Longitud bicondilar	FLB
	23 Ancho epicondilar	FAE
	24 Diámetro máx. de la cabeza	FDMC
	29 Perímetro al medio de la diáfisis	FCM
	Cociente 24/22	FDMC/ FLB
	Suma (22+23+24+29)	Suma
	Componente Principal 1 (de 22,23,24 y 29)	CP1
Tibia	30 Longitud	TL
	31 Ancho máximo de la epífisis proximal	TAMEP
	32 Ancho máximo de la epífisis distal	TAMED
	36 Perímetro mínimo de la diáfisis	TCM
	Suma (30+31+32+36)	Suma
	Componente Principal 1 (de 30,31,32 y 36)	CP1
Índice crural	Cociente 30/21	IC

Tabla 8.2. Variables utilizadas en los análisis.

Tamaño Corporal

El tamaño corporal fue estimado empleando la suma y el primer componente principal del fémur. Asimismo, y sólo con fines comparativos, se calculó la suma y el primer componente principal de los demás elementos del miembro inferior (*i.e.* tibia) y superior (*i.e.* húmero y radio).

El tamaño de acuerdo con Jungers y colaboradores (1995) puede ser entendido como la magnitud de un vector de medidas de un organismo. Si bien existen variadas formas de estimar y definir el tamaño (Richstmeier *et al.*, 2002), las diferencias entre las medidas globales del mismo son escasas ya que todas las medidas están altamente correlacionadas (Corruccini, 1987; Perez, 2006). En particular, la sumatoria (suma) pertenece a la familia de variables de tamaño de Mossimann (1970) y se calcula como la sumatoria de las n medidas incluidas en el cálculo (Corruccini, 1987; Jungers *et al.*, 1995; Mosimann, 1970). Representa una medida de tamaño global en la cual cada variable pesa de acuerdo a su magnitud. Por otro lado, los componentes principales describen la variación de n variables X en una nueva combinación de manera que las nuevas variables Z_n (componentes principales) no están correlacionadas. Esta falta de correlación resulta en una medida de otras dimensiones de los datos. En el nuevo ordenamiento, Z_1 representa la mayor parte de la variación, Z_2 la segunda mayor parte y así sucesivamente (Manly, 1986). En este trabajo se empleó el primer componente principal calculado a partir de una matriz de correlación, que describe la variación en tamaño más el componente alométrico de forma, otorgándole igual peso a cada variable (Dryden y Mardia, 1998).

Masa Corporal

La masa corporal se puede analizar a través del esqueleto de dos maneras: empleando medidas esqueletales de las dimensiones articulares, o del ancho corporal.

El primer método es más efectivo en el miembro inferior, puesto que éste soporta el peso del organismo. En este sentido, Ruff y colaboradores (1991) demostraron que el diámetro de la cabeza del fémur se correlaciona con la masa corporal a los 18 años, la edad aproximada de la fusión de la epífisis.

El segundo método para estudiar la masa corporal está basado en medidas de longitud (estatura) y ancho (ancho bi-ilíaco) corporal (Ruff *et al.*, 1997). Este método propone un modelo del cuerpo humano con la forma de un cilindro. De esta manera, se aproxima la forma del cuerpo usando la estatura como la altura del cilindro y el ancho bi-ilíaco como el ancho (Ruff, 1994). Si bien el modelo del cilindro no contempla muchos aspectos de la forma del cuerpo humano, incluye varios factores importantes en la estructura del mismo tales como altura, masa (volumen), y linealidad. Bajo este modelo se puede demostrar que los cambios en la altura no tienen efecto sobre la proporción del área de superficie con respecto al volumen (masa), si el ancho corporal se mantiene constante. Por el contrario, un cambio en el ancho corporal siempre cambiará esa proporción (Figura 8.10) (Ruff, 1994). Por lo tanto, el ancho corporal, o ancho bi-ilíaco es el factor importante en ese modelo.

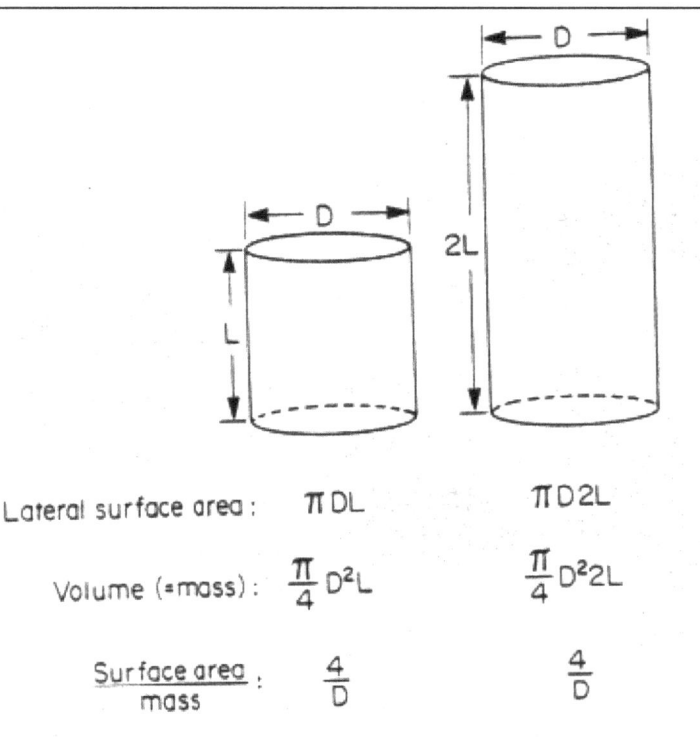

Figura 8.10: Modelo del Cilindro, tomado de Ruff (1994).

La medición del ancho bi-ilíaco requiere una pelvis completa, incluyendo el sacro. Sin embargo, en muchos contextos arqueológicos la pelvis está pobremente preservada y no es posible tomar esta medida. Ruff y colaboradores (1997) demostraron que hay una buena correspondencia general entre la estimación de la masa a partir del método "morfométrico" (estatura y ancho bi-ilíaco) y el método "mecánico" (diámetro de la cabeza femoral). Coincidentemente, Auerbach y Ruff (2004) extendieron las conclusiones a una muestra más diversa que incluyó esqueletos de individuos con diferentes orígenes geográficos y diferentes formas y tamaños del cuerpo. Como resultado, puede considerarse que tanto el diámetro de la cabeza del fémur o el ancho bi-ilíaco pueden ser empleados como proxies del ancho corporal o de la masa corporal.

La relación entre la cabeza y la longitud del fémur fue empleada como una medida de la masa corporal (Auerbach y Ruff, 2004). Este índice ha sido usado como una medida relativa de esbeltez (linealidad[1]) del cuerpo por varios autores (Jungers, 1991). La regla de Bergmann establece que la masa corporal es mayor en climas más fríos (Holliday, 1997a; Ruff, 1990; Ruff, 1994), mientras que según la regla de Allen las extremidades son más reducidas en estos climas. En este sentido, se podría esperar que un reflejo del tamaño corporal en el esqueleto, como lo es la cabeza del fémur, escalada a una medida de la esbeltez, como la longitud del fémur, mostrará un patrón ecogeográfico en los humanos modernos (Holliday, 1997a).

Con el objetivo de maximizar los tamaños muestrales de restos arqueológicos y de acuerdo con Stock (2002) el diámetro de la cabeza del fémur se utilizó en este trabajo como proxy de la masa corporal.

Estatura

Si bien existen fórmulas específicas para la estimación de la estatura a partir de los huesos largos, (Feldesman y Fountain, 1996; Sjovold, 1990; Trotter M , 1970), las longitudes de esos elementos son suficientes para usar como proxy de la estatura corporal.

La relación entre la longitud del fémur y la estatura no es constante para todas las poblaciones humanas, aunque esta proporción muestra una llamativa homogeneidad (Feldesman y Fountain, 1996; Feldesman et al., 1990). En un trabajo previo en el que se analizó la estatura de poblaciones patagónicas, no se encontraron diferencias estadísticamente significativas en las relaciones entre la estatura esqueletal y varias medidas de longitudes de huesos largos -incluyendo el fémur-, para dos muestras provenientes de diferentes sitios de la Patagonia (noroeste de Santa Cruz y costa central de Chubut) (Béguelin, 2009). Basados en estos hallazgos, se consideró a la relación entre el fémur y la estatura como

constante para las muestras analizadas y se empleó a dicha longitud como medida de la talla.

Proporciones Corporales

Finalmente, se analizó un índice que representa proporciones entre segmentos corporales (Holliday, 1999). El índice crural se calculó como la longitud máxima de la tibia sobre la longitud máxima del fémur x100. Por tratarse del cociente entre segmentos distales y proximales, este índice puede reflejar cambios proporcionales relacionados con la temperatura (Béguelin y Barrientos, 2006; Holliday, 1999; Ruff, 1994; Trinkaus, 1981). Trinkaus (1981) ha demostrado que el índice crural exhibe una correlación positiva con la temperatura media anual en poblaciones humanas modernas. A su vez, Holliday (1997b) encontró que la correlación entre la longitud relativa del miembro inferior (fémur + tibia / altura del tronco) y el índice crural es significativa. Basados en estas observaciones, consideramos que el estudio del índice crural también aporta información acerca de las relaciones proporcionales entre el miembro inferior y el tronco.

8.2 Métodos estadísticos

8.2.1 Análisis preliminares de los datos

Datos atípicos (outliers)

Se identifica como datos atípicos (outliers) a aquellos que se alejan significativamente de los valores esperados. Dicho alejamiento puede deberse en muchos casos a errores en la toma o manejo de datos (Bernal et al., 2004). Los datos atípicos deben ser identificados y excluidos de los análisis puesto que pueden influir considerablemente en los resultados, distorsionándolos e incluso invalidándolos (Bernal, 2008; Hair et al., 1999). En este estudio, se realizaron ploteos bivariados múltiples a los efectos de detectar datos apartados de las nubes de puntos. Dichos datos fueron excluidos de los análisis en aquellos casos en los que quedaron afuera de la elipse del 95%.

Datos perdidos

Los análisis morfométricos multivariados requieren conjuntos de datos completos, *i.e.*, cada caso debe presentar un valor para cada variable empleada (Hair et al., 1999). En el caso de muestras de reducido tamaño la existencia de datos perdidos constituye uno de los problemas más relevantes (Bernal, 2008).

La presencia de datos perdidos ha sido tradicionalmente resuelta mediante: a) la eliminación de las variables o los casos que presentan uno o más datos ausentes. Este procedimiento conduce a la pérdida de información y a la reducción de los tamaños muestrales (Hair et al., 1999); b) la sustitución de los valores perdidos por los valores medios para la variable en la muestra analizada o por el valor correspondiente a la media general. Esta aproximación resultará en la reducción o el incremento de la varianza interna de las muestras y en la distorsión de la distribución real de los valores (Holt y Benfer Jr, 2000; Stefan, 2004). Por

---

[1] En este trabajo se utilizará "linealidad" para indicar una condición de la forma del cuerpo. Un individuo más lineal es aquel que presenta una relación ancho del cuerpo/estatura más baja.

estas razones estos procedimientos no son adecuados en un estudio estadístico de los datos (Schafer y Graham, 2002).

Sin embargo más recientemente se ha propuesto el método de imputación de valores perdidos (Graham et al., 2003; Graham y Hofer, 2000; Graham et al., 1997; Schafer y Graham, 2002). Este método consiste en completar los datos perdidos con valores estimados a partir de un criterio particular. Varios métodos han sido propuestos con el fin de estimar los datos faltantes. Un método frecuentemente empleado es el de regresión. En el caso de la imputación de datos por medio del análisis de regresión múltiple, si bien la variación interna de los grupos se ve poco afectada, los valores predichos tenderán a exagerar las correlaciones observadas y puede conducir a errores de muestreo cuando los datos perdidos son predichos a partir de pocos casos observados (Schafer y Olsen, 1998).

A fines de la década de 1980 se propuso el método imputación múltiple (IM) (Rubin, 1987). Este método permite reemplazar los datos perdidos por valores simulados. En cualquier conjunto incompleto de datos los valores observados proveen evidencia indirecta acerca de los probables valores de los datos perdidos. Esta aproximación minimiza los problemas de las técnicas mencionadas anteriormente. Entre las ventajas de este método puede señalarse que es altamente robusto a datos que se apartan del supuesto de normalidad y provee resultados adecuados en presencia de tamaños muestrales pequeños y gran cantidad de datos perdidos (Schafer y Olsen, 1998).

Las muestras arqueológicas disponibles en este estudio, presentaron mala preservación de algunos elementos óseos debido principalmente a fenómenos destructivos post-mortem (e.g. erosión) originando datos perdidos. Para subsanar este inconveniente se utilizó el método de imputación múltiple.

En la IM cada valor perdido es reemplazado por un conjunto de valores generados a partir de los valores presentes de otras variables (Schafer, 1997; Schafer y Olsen, 1998). Los valores predichos, denominados imputados, sustituyen a los valores perdidos resultando en un conjunto completo de datos. Este proceso es repetido varias veces produciendo múltiples conjuntos de datos imputados que son posteriormente combinados para producir una estimación general. La variación entre los distintos valores imputados refleja la incertidumbre con la que los valores perdidos pueden ser predichos a partir de los observados. Este método es altamente eficiente incluso para un número reducido de imputaciones. El porcentaje de eficiencia de la estimación está relacionado con la cantidad de información perdida; es decir, a mayor porcentaje de datos perdidos se requiere un mayor número de imputaciones para alcanzar un porcentaje de eficiencia aceptable (Bernal, 2008).

Para la elección del algoritmo a utilizar para las imputaciones se aplicó el siguiente diseño: se seleccionó una matriz con todos los datos completos y se eliminaron algunos de ellos aleatoriamente. Posteriormente, se desarrollaron cinco estrategias diferentes de imputación y se seleccionó la que imputó datos más similares a los verdaderos. Los cinco métodos utilizados se detallan a continuación: 1- Data augmentation con matriz correlación con el programa NORM 2.03 (Schafer, 1999); 2- Data augmentation con matriz de covarianza con el programa NORM 2.03; 3- Impute from parameters con matriz correlación con el programa NORM 2.03; 4- Impute from parameters con matriz de covarianza con el programa NORM 2.03; y 5- EM-estimation con matriz de correlación con el programa Systat 10.0

Cada conjunto de datos imputados a partir de cada uno de los cinco algoritmos enumerados anteriormente, fue comparado con los datos reales. En primer lugar se calculó el promedio de los valores absolutos de las diferencias entre cada imputación y el verdadero valor, para cada variable en cada uno de los cinco métodos. Cada promedio se estandarizó dividiéndolo por la media aritmética para dicha variable, calculada con la matriz original. Por último, se calculó el promedio de los promedios estandarizados. El método 5 fue el que arrojó las imputaciones más similares a los datos reales y fue el elegido para realizar las imputaciones de todas las muestras.

Previamente a la aplicación del método de imputación múltiple se procedió a la depuración de la base de datos, mediante la eliminación de aquellos casos que contaban con un alto porcentaje de datos perdidos. En particular, fueron eliminados los elementos óseos carentes de medidas de longitud y de las epífisis (a la vez). A su vez, se verificó que ninguna de las variables presentara menos del 40% de los casos presentes. Finalmente, las muestras demasiado pequeñas (n≤15) para ser imputadas fueron agrupadas con otras geográficamente cercanas.

Asignación de sexo.
El dimorfismo sexual en el esqueleto de poblaciones humanas está ampliamente documentado (Yasar Iÿscan, 2005), tanto en las estructuras más diagnósticas pelvis y cráneo, (Gonzalez, 2008) como en el resto del esqueleto, particularmente en los huesos largos (Albanese, 2003; Celbis y Agritmis, 2006; Mall et al., 2000; Murphy, 2005; Nieto Amada et al., 1992; Reno et al., 2003). En este sentido, la variación intrapoblacional puede exceder a la variación encontrada entre las poblaciones, haciendo necesaria la discriminación de sexos previo al desarrollo de cualquier análisis morfológico. La inclusión de individuos femeninos y masculinos en una muestra en la que se observa marcado dimorfismo sexual puede tener como consecuencia estadística la obtención de un patrón de distribución bimodal. Las distribuciones bimodales no pueden ser analizadas con técnicas estadísticas paramétricas. A su vez, incluyen mayor variación no explicada (ruido), que dificulta la aplicación de otros tipos de análisis, i.e. la variación dentro de las muestras en relación a la variación entre muestras queda aumentada con este efecto.

En los individuos que presentaban la pelvis el sexo fue estimado empleando la misma. Los criterios utilizados para esta determinación fueron visuales (Buikstra y Ubelaker, 1994; Phenice, 1969) y morfométricos (Gonzalez, 2008). Sin embargo, gran parte de los individuos incluidos en los análisis carece de asignación de este elemento óseo diagnóstico debido a la disgregación de los elementos ("huesos sueltos", HS). En estos casos se estimó el sexo considerando las variables lineales de los huesos largos (Béguelin y Gonzalez, 2008). Para la elección del método de determinación de sexos de los HS se utilizó, para cada muestra, una matriz en la que los individuos fueron asignados a un sexo mediante un método independiente, a partir de la pelvis. En los casos en que se contaba con pocos individuos las muestras fueron agrupadas de acuerdo con su similitud morfológica y siguiendo un criterio geográfico. Para explorar la similitud morfológica se realizaron gráficos de caja y bigotes (box and whisker plots) para todas las variables y para todas las muestras, utilizando las medidas del lado izquierdo. En los casos en los que no se contó con el elemento izquierdo este se reemplazó por el derecho.

A partir de las matrices con sexo conocido, se realizó un análisis discriminante [ver discusión de estos métodos en Gonzalez (2008) y Béguelin y Gonzalez (2008)]. En una primera etapa se identificaron las variables que mejor discriminan en sexo para cada muestra (método forward stepwise). Con dichas variables a su vez se corrió un análisis de agrupamiento de tipo k-means de dos grupos. Este método congrega los casos en una cantidad previamente definida de grupos, 2 en este ejemplo, de manera que uno de los grupos representa a los individuos femeninos y el otro a los masculinos. Se comparó la cantidad de asignaciones correctas entre el método k-means y el de función discriminante para cada una de las muestras. En todos los casos, el método de función discriminante asignó correctamente el sexo con mayor frecuencia que k-means. Por ese motivo, se optó por utilizar el primero para la asignación de sexo en huesos sueltos e individuos sin pelvis.

Como resultado del análisis discriminante, a cada individuo se le asignó el sexo de acuerdo a la opción que presentaba la mayor probabilidad. En los pocos casos en los que las probabilidades de pertenencia a ambos sexos fue muy similar ($p<0,6$), la asignación se consideró dudosa: se les asignó el sexo de la mayor probabilidad pero se los individualizó con el fin de evaluar su comportamiento estadístico en análisis posteriores.

8.2.2 Análisis de la variación interpoblacional y su relación con variables climáticas

Para investigar los factores responsables de la forma y el tamaño corporal las variables morfológicas definidas anteriormente fueron evaluadas con respecto a la temperatura media anual y la ubicación geográfica (variables explicativas) de las muestras. Se consideró la temperatura media anual (Trinkaus, 1981) como un proxy del clima (Harvati y Weaver, 2006; Katzmarzyk y Leonard, 1998). Estos datos se obtuvieron del Atlas SAM (www.ecoevol.ufg.br/sam) y del sitio web www.WorldClimate.com. La geografía fue considerada como un proxy de las relaciones evolutivas entre las poblaciones o de la probabilidad de flujo génico entre dos poblaciones (Felsenstein, 2002; Hansen *et al.*, 2000), aunque la misma también puede representar el patrón de diferenciación de las poblaciones durante la dispersión inicial en el área (Bernal, 2008).

En un estudio en el que se emplearon las mismas muestras de la región que las analizadas en este trabajo, Bernal (2008) demostró una asociación entre la distancia geográfica y biológica. Mediante un autocorrelograma de Mantel aplicado a rasgos morfológicos dentales halló autocorrelación significativa y positiva entre distancias pequeñas (*i.e.* menos de 220 km) y autocorrelación negativa a mayores distancias (*i.e.* más de 3000 km). Para estos rasgos morfológicos las poblaciones que se encontraban a cortas distancias geográficas presentaron gran semejanza. A su vez, la distancia biológica se incrementó con el aumento de la distancia geográfica entre las muestras. Según la autora…"Esto resultaría del efecto homogeneizante del flujo a cortas distancias y del mayor efecto de la deriva a medida que las poblaciones se separan"… (Bernal, 2008). Bernal y colaboradores (2009) también demostraron que la variación molecular en esta región es alta y está significativamente asociada con la geografía, apoyando el empleo de la última como un proxy de la distancia evolutiva entre las poblaciones (ver también Dejean *et al.*, 2007; Moraga *et al.*, 2000).

La dimensión geográfica fue estimada de dos maneras, una empleando solamente la latitud y la otra empleando el primer componente principal de la latitud con la longitud para cada muestra. Como la variación en este componente principal fue explicada por la latitud en un 97%, se utilizó solamente esta variable en el resto de los análisis. La misma se transformó a grados y decimales de grados. A cada individuo se le asignó un valor de latitud según el sitio arqueológico del que provenía. En los casos en que no se contó con información detallada del origen, se consideró el punto medio del rango latitudinal de la probable proveniencia del individuo. Por otro lado, se calculó el promedio de las latitudes de todos los individuos de cada muestra para asignar un único valor de latitud a cada grupo (en aquellos casos con más de un individuo de un mismo sitio, se contabilizó una sola vez la latitud de ese sitio).

1. Análisis bivariados

La relación entre la morfología del esqueleto postcraneal y la similitud evolutiva [*i.e.* filogenética y tokogenética, aproximada por la latitud, (Hansen *et al.*, 2000)] por un lado, y temperatura, por el otro, fue estudiada a partir de métodos bivariados. Este análisis da una medida de la concordancia entre la variación morfológica y las variables explicativas. La incidencia de la autocorrelación debido a las relaciones evolutivas o a la cantidad de flujo génico y la vinculación entre estas y temperatura son abordadas en el siguiente apartado sobre Partición de la Variación. Para cada variable métrica incluida en este estudio se evaluó su relación con la latitud por un lado y la temperatura por el otro. En todos los casos se colocó a la variable métrica en el eje de las ordenadas. Esto se realizó por medio del cálculo del índice de correlación lineal simple o r de Pearson, la evaluación de la significación estadística de dicho índice, la graficación de los pares de variables y el cálculo de la recta de regresión que mejor describe la relación entre las variables por medio del método de mínimos cuadrados. En todos los casos se siguió la metodología de Zar (1999) y Sokal & Rohlf (1979).

La correlación lineal simple es un método estadístico utilizado para evaluar el grado de asociación entre dos variables, considerando que estas se relacionan por medio de un modelo lineal (Zar, 1999). Se realiza por medio del cálculo del "coeficiente de correlación lineal simple o r". r varía entre -1 y 1. Las altas correlaciones se asocian con valores de r cercanos a los extremos, mientras que valores alrededor de 0 son considerados como bajos. Las correlaciones negativas indican una relación inversa entre las variables, *i.e.* al aumentar una disminuye la otra, mientras que una correlación positiva implica una relación directa[2]. Dicho de otro modo, cuando una variable aumenta la otra también lo hace. La prueba de significación de r se realiza para contrastar la hipótesis nula que indica que no existe correlación entre las variables a nivel poblacional, *i.e.* que el coeficiente de correlación lineal simple poblacional ρ es igual a cero. Como hipótesis alternativa se plantea que ρ es diferente de cero. La prueba se realizó a dos colas con el cálculo del estadístico t. La correlación se consideró significativa en los casos en que la probabilidad resultó inferior a 0.05. Probabilidades entre 0.1 y 0.05 fueron considerados "marginalmente significativas", y la utilización de estos resultados fue considerada en cada caso. Solamente aquellos casos de pares de variables con correlación significativa fueron considerados en los siguientes análisis, mientras que los demás no fueron evaluados.

2. Partición de la variación

El método comparativo involucra, entre otras, la comparación de un fenotipo con una variable ecológica (Garland *et al.*, 2005). Los objetivos de este método apuntan a evaluar si una variable está correlacionada con la otra y si la regresión de una sobre la otra difiere significativamente de un valor esperado. En este tipo de aproximaciones emerge un problema estadístico. Las poblaciones son parte de una filogenia estructurada jerárquicamente y/o tienen patrones diferenciales de flujo génico, y por lo tanto no pueden considerarse –en términos estadísticos- como muestras independientes (Garland *et al.*, 2005; Ives y Zhu, 2006). Esta no-independencia o autocorrelación puede resolverse si se tiene en cuenta la información filogenética, las relaciones evolutivas o el patrón de flujo génico entre poblaciones, disponible para las muestras analizadas (Felsenstein, 1985; Felsenstein, 2002; Ives y Zhu, 2006).

La autocorrelación evolutiva refiere a los aspectos de la variación que se deben a las relaciones evolutivas entre especies o poblaciones, más que a la influencia del ambiente.

Comúnmente el componente de autocorrelación evolutiva no se tiene en cuenta, ocasionando incertidumbre sobre los resultados obtenidos en los análisis estadísticos. Se le atribuye el poder explicativo a una variable cuando la variación se debe de hecho a una tercera variable que no es tenida en cuenta. En diversos estudios con datos reales así como en simulaciones (Desdevises *et al.*, 2003; Felsenstein, 1985; Garland *et al.*, 2005) se ha demostrado que al no discriminar la variación debida a las relaciones evolutivas se cometen errores en la toma de decisiones estadísticas.

A su vez, se conoce que la porción de la variación total debida a las relaciones evolutivas puede tener un componente relacionado con la ecología (Desdevises *et al.*, 2003; Peres-Neto, 2006). Esto fue denominado como "conservadurismo filogenético de nicho" (Harvey y Pagel, 1991), que incluye a los caracteres compartidos que especies o poblaciones adquirieron dado que tienden a ocupar nichos similares durante la historia evolutiva. Por ejemplo, dos poblaciones relacionadas evolutivamente pueden desarrollar fenotipos adaptativos en su propio ambiente, pero dado que se trata de poblaciones relacionadas evolutivamente tenderán a utilizar el mismo tipo de nicho ecológico y entonces desarrollar el mismo tipo de adaptación. Dos poblaciones humanas estrechamente relacionadas posiblemente respondan a un mismo fenómeno ambiental de manera similar y diferente a una tercera población más alejada. Estos rasgos estarán correlacionados con las relaciones evolutivas y la ecología, posiblemente en diferentes proporciones y se diferencian de aquellos rasgos que son similares puramente por relaciones evolutivas (bajo la influencia de factores intrínsecos). En este trabajo se utilizará el método de partición de la variación de Desdevises y colaboradores (2003), ilustrado en la Figura 8.11, que permite particionar la variación de un rasgo, en este caso medidas o combinaciones de medidas, en una porción puramente ecológica (a), una porción puramente debida a las relaciones evolutivas (c), una porción referida como "variación ambiental evolutivamente estructurada" (b) -que incluye al conservadurismo evolutivo de nicho- y una cuarta porción no explicada (d). La porción (b), denominada aquí como "VAEE" se interpreta como una parte de la variación cuyo origen no puede discernirse entre las relaciones evolutivas y la ecología sino a una asociación entre estos dos factores.

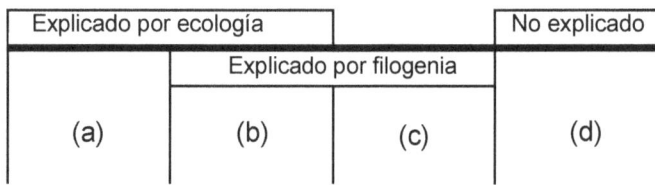

Figura 8.11. Partición de la variación de una variable dependiente (línea gruesa horizontal) entre los componentes ecológico y filogenético. Referencias en el texto. Modificada de Desdevises y colaboradores (2003).

---

[2] En tanto la temperatura disminuye con el aumento de la latitud, aquellas variables que presentan una correlación positiva con la primera, muestran un patrón inverso con la segunda.

3. Prueba de Tasa de Divergencia

Los factores aleatorios, como la deriva génica, y no aleatorios, como la selección natural y la plasticidad fenotípica, son responsables de la diversificación morfológica entre las poblaciones humanas (Lynch, 1990; Roseman, 2004). Se han propuesto varias medidas de la tasa de cambio con el fin de inferir la importancia relativa de estos factores que actuaron en el pasado (Hendry y Kinnison, 1999). Para evaluar la contribución potencial de factores aleatorios y no aleatorios diversos autores propusieron comparar la magnitud de cambio observado entre las poblaciones con modelos que asumen cambio aleatorio (v.g. Lande, 1977; Lynch, 1990). De esta manera se prueba la hipótesis nula de evolución aleatoria en caracteres poligénicos comparando una tasa de divergencia calculada empíricamente con una tasa teórica explicada únicamente por mutación y deriva (Lemos *et al.*, 2001).

Lynch (1990) propuso el uso de la prueba Δ de la tasa de divergencia morfológica para evaluar si una cantidad observada de variación entre taxones es significativamente más baja o más alta que la esperada si la mutación y la deriva genética hubieran sido los únicos factores evolutivos que actuaron. El método consiste en analizar la varianza entre las poblaciones en relación a la varianza dentro de las poblaciones teniendo en cuenta el tiempo (*i.e.* generaciones) transcurrido desde su separación. El autor estimó, en base a valores experimentales y observacionales, la cantidad de divergencia (Δ) esperada por factores aleatorios. De este modo, tasas con valores entre 0,0001 y 0,01 son interpretadas como divergencia debida al azar. Valores menores a 0,0001 indicarían, según el autor, factores no aleatorios como la selección estabilizadora, mientras que valores mayores que 0,01 darían cuenta de factores como la selección direccional.

El parámetro Δ se estima como
$$\Delta = \text{var}_E (\ln Z) / [t\, \text{var}_D (\ln Z)],$$

donde $\text{var}_E (\ln Z)$ y $\text{var}_D (\ln Z)$ son los logaritmos de los componentes observados de varianza fenotípica entre y dentro de las poblaciones respectivamente (Lynch 1990). Para determinar el número de generaciones desde la divergencia, t se calculó mediante la fórmula

$$t = T/G*2,$$

siendo T el tiempo transcurrido desde la separación de las poblaciones analizadas y G el tiempo correspondiente a una generación humana de poblaciones cazadoras recolectoras, considerando dos linajes parentales.

Se asumió un tiempo de divergencia entre poblaciones de 11.000 años, (Borrero, 1999; Steele y Politis, 2008) para las poblaciones de los extremos geográficos. En los análisis efectuados con todas las muestras se consideró un tiempo de divergencia promedio corregido por la distancia geográfica entre todas las poblaciones de 5.550 años. Esta consideración se sustenta en los fechados más antiguos obtenidos por diversos autores hasta el momento (Steele y Politis, 2008) que indicarían el inicio del poblamiento de las regiones bajo estudio.

La longitud de una generación es el número de años promedio entre generaciones sucesivas. El intervalo de tiempo de una generación humana considerado fue de 28.55 años. Este valor se obtuvo como promedio de 31.5 y 25.6 años para masculinos y femeninos respectivamente, siguiendo las estimaciones efectuadas por Fenner (2005) para cazadores recolectores. Este autor calculó el tiempo promedio de generaciones humanas utilizando datos de 157 poblaciones cazadoras recolectoras actuales de todo el mundo, específicamente con el objetivo de mejorar la precisión de los estudios relacionados a eventos de divergencia de poblaciones.

9. Resultados

9.1 Análisis bivariados

Se efectuaron análisis de correlación entre las variables explicativas -latitud y temperatura- con cada una de las 25 variables métricas o cocientes utilizados, sobre los individuos masculinos y femeninos en forma separada. Este análisis exploratorio permitió identificar aquellas variables métricas que poseen una asociación significativa con las variables explicativas. En particular estos análisis permitieron conocer si el ambiente y la variación geográfica son importantes para explicar la variación morfométrica en los huesos largos.

En las Tablas 9.1 a 9.10 se resumen los valores del coeficiente de correlación lineal momento-producto de Pearson r y el coeficiente de determinación correspondiente r^2 entre latitud y temperatura media anual por un lado, y las variables morfométricas analizadas en este trabajo. Se incluyen estadísticas descriptivas de las variables morfométricas, y el valor del estadístico t con su correspondiente probabilidad p para la prueba de significación de r. En los siguientes apartados se detalla esta información por hueso y por sexo. Aquellas correlaciones que resultaron significativas se ilustran en las Figura 9.1 a 9.19. En dichos diagramas de dispersión se incluyeron las rectas de regresión de mínimos cuadrados.

9.1.1 Miembro inferior

Masculinos

Los análisis basados en los huesos del miembro inferior de los individuos masculinos indicaron un patrón claro de asociación entre la latitud y la temperatura en las variables que describen la longitud (FLB) y el tamaño global del fémur (Suma y CP1, Tablas 9.1 y 9.1.1), así como de la tibia (TL y Suma, Tablas 9.2 y 9.2.1). Se encontraron correlaciones estadísticamente significativas tanto para la longitud de los dos huesos como para la Suma de las variables, con respecto a las variables explicativas. Además, el fémur mostró correlaciones significativas en casi todas las variables tenidas en cuenta para este análisis (Tabla 9.1), es decir el ancho epicondilar (articulación distal, FAE), el diámetro máximo de la cabeza (articulación proximal, FDMC) y la otra variable de tamaño global, el primer componente principal (CP1), calculado a partir de las mismas variables que la suma (ver Capítulo 8) (Figuras 9.1 a 9.7). Por su parte, las correlaciones que incluyen la variable de tamaño relativo, utilizado aquí como proxy de tamaño corporal, (*i.e.* la proporción entre la cabeza y la longitud bicondilar: FDMC/FLB), no mostraron ningún patrón evidente. Con respecto al índice que describe la relación entre el estilopodio y el zeugopodio, *i.e.* el índice crural, tampoco se encontró un ajuste con las variables de temperatura y latitud (Tablas 9.3 y 9.3.1).

Por último, es importante mencionar que aquellas correlaciones con probabilidades estadísticamente significativas presentan, en su mayoría, elevados valores de r^2 (entre 0.49 y 0.82). Esto indica que la latitud y la temperatura explican entre el 50 y el 80% de la variación morfológica encontrada en las muestras.

	Media	S	r	r^2	t	p
Latitud						
FLB	454.16	7.53	0.80	0.65	3.59	0.009*
FAE	83.40	1.01	0.74	0.55	2.95	0.022*
FDMC	49.09	1.22	0.83	0.69	3.92	0.006*
FDMC/FLB	0.11	0.00	0.38	0.15	1.09	0.310
Suma	682.44	11.04	0.86	0.73	4.37	0.003*
CP 1	-	-	-0.86	0.74	-4.45	0.003*
Temperatura						
FLB	454.16	7.53	-0.91	0.82	-5.64	0.001*
FAE	83.40	1.01	-0.74	0.55	-2.93	0.022*
FDMC	49.09	1.22	-0.70	0.49	-2.61	0.035*
FDMC/FLB	0.11	0.00	-0.14	0.02	-0.37	0.722
Suma	682.44	11.04	-0.87	0.76	-4.67	0.002*
CP 1	-	-	0.81	0.66	3.66	0.008*

Tabla 9.1. Valores de correlación (r y r^2) entre latitud y temperatura, y las variables métricas del fémur. Media: media aritmética, S: desvío estándar, t: valor del estadístico *t* con su correspondiente probabilidad *p* para la prueba de significación, *: estadísticamente significativa. Masculinos.

Grupo	n	Latitud	Temperatura
D	49	34.23	16.6
BA Ce	19	37.71	13.4
BA S	13	38.00	15.1
NEP	34	40.58	14.1
CH Ce	70	43.05	13.3
CH S	27	45.65	12.6
SC Co	11	46.67	12.3
SC NO	9	47.47	7.8
SPC	32	51.98	7.1

Tabla 9.1.1 Muestras utilizadas en el análisis del fémur con sus respectivos tamaños muestrales (n), Latitud Sur y Temperatura media anual. Masculinos.

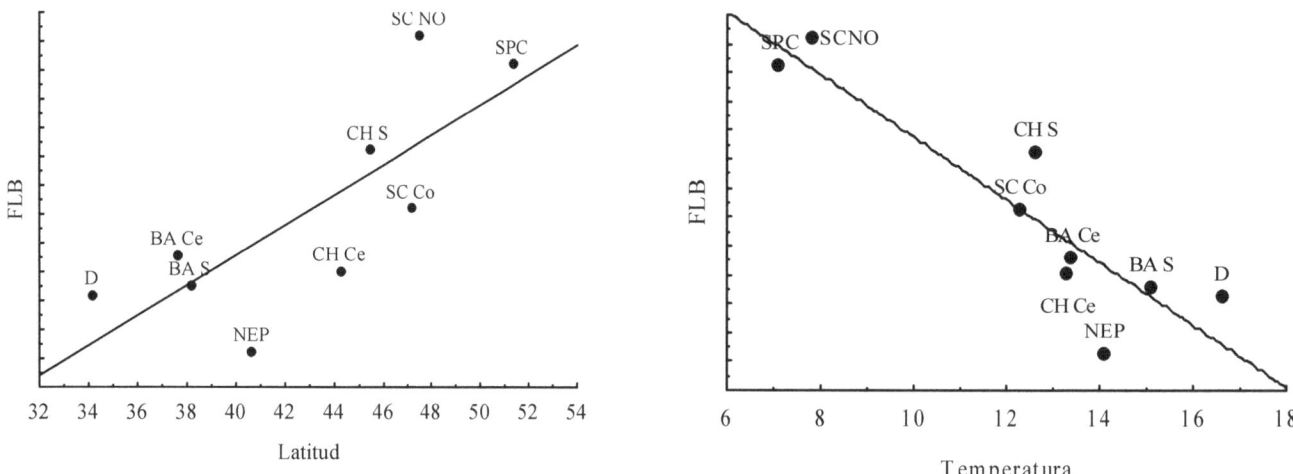

Figura 9.1. Gráfico de dispersión de las medias muestrales. Longitud fisiológica del fémur contra latitud y temperatura. Masculinos.

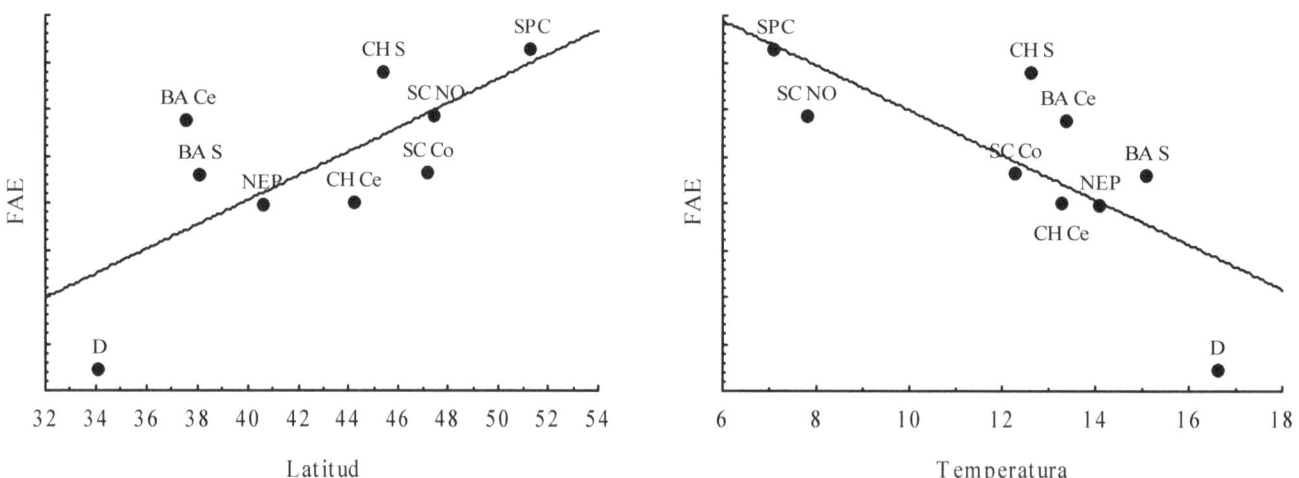

Figura 9.2. Gráfico de dispersión de las medias muestrales. Ancho epicondilar del fémur contra latitud y temperatura. Masculinos.

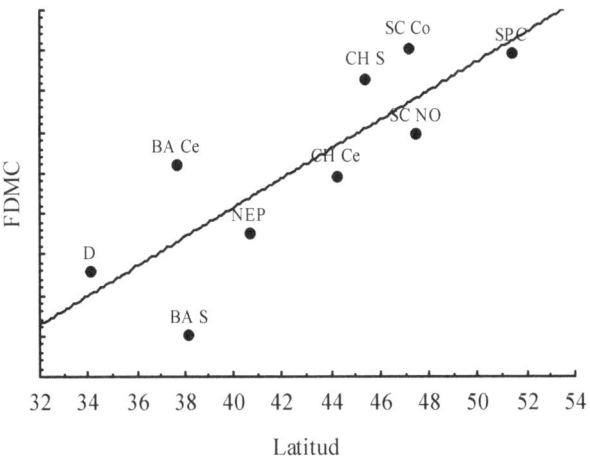 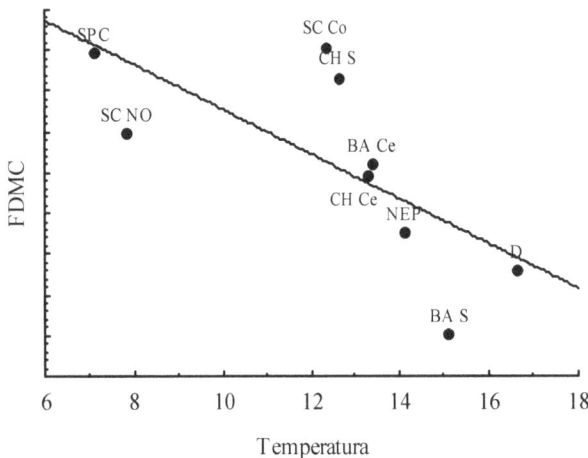

Figura 9.3. Gráfico de dispersión de las medias muestrales. Diámetro máximo de la cabeza del fémur contra latitud y temperatura. Masculinos.

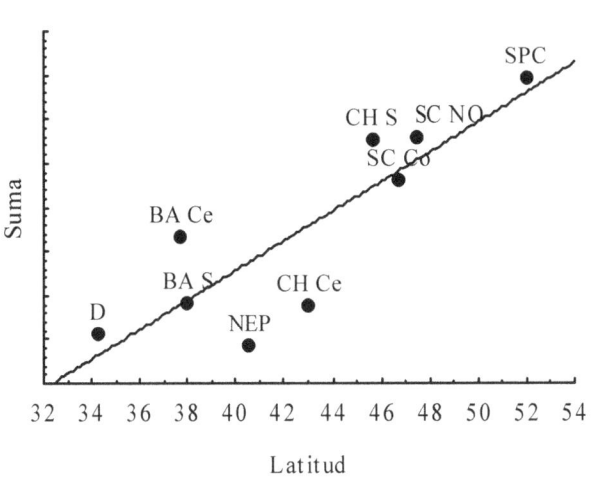 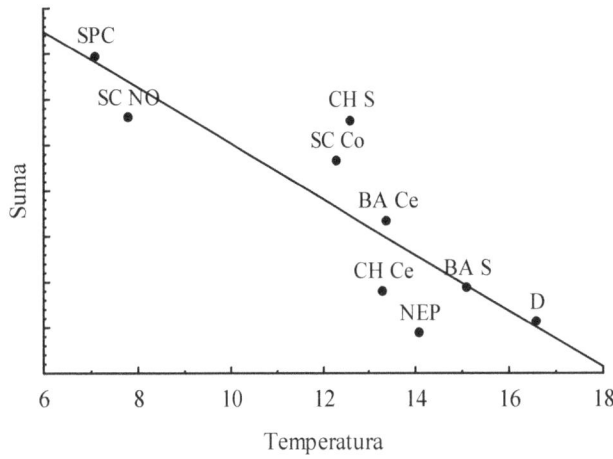

Figura 9.4. Gráfico de dispersión de las medias muestrales. Suma de las variables del fémur contra latitud y temperatura. Masculinos.

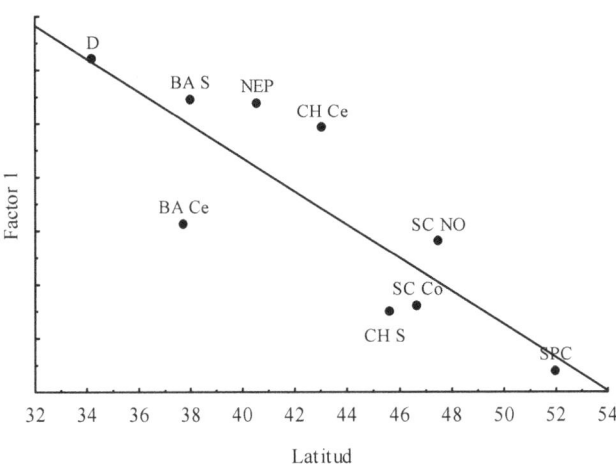 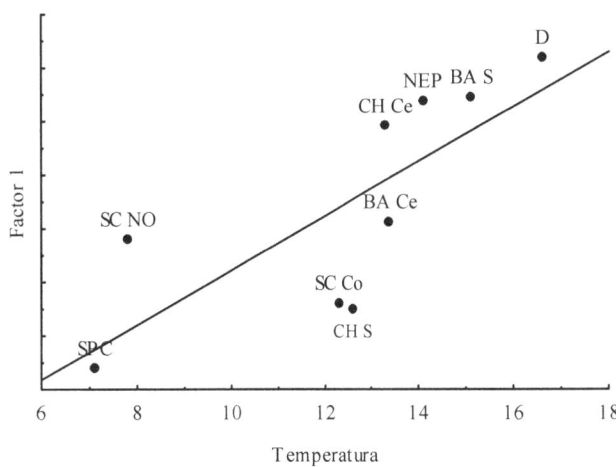

Figura 9.5. Gráfico de dispersión de las medias muestrales. CP 1 del fémur contra latitud y temperatura. Masculinos.

	Media	S	r	r²	t	p
Latitud						
TL	385.40	8.20	0.86	0.75	3.85	0.012*
TAMEP	78.98	1.44	0.05	0.00	0.11	0.9169
TCM	84.68	2.32	0.43	0.19	1.08	0.3307
Suma	549.06	9.69	0.84	0.71	3.50	0.0173*
CP 1	-	-	-0.65	0.42	-1.92	0.1127
Temperatura						
TL	385.40	8.20	-0.83	0.70	-3.38	0.0196*
TAMEP	78.98	1.44	-0.12	0.01	-0.27	0.7983
TCM	84.68	2.32	-0.43	0.18	-1.05	0.3400
Suma	549.06	9.69	-0.83	0.68	-3.27	0.0221*
CP 1	-	-	0.66	0.44	1.98	0.1043

Tabla 9.2. Valores de correlación (r y r^2) entre latitud y temperatura, y las variables métricas de la tibia. Media: media aritmética, S: desvío estándar, t: valor del estadístico *t* con su correspondiente probabilidad *p* para la prueba de significación, *: estadísticamente significativa. Masculinos.

Grupo	n	Latitud	Temperatura
D	40	34.14	16.6
BA Ce	19	37.88	14
NEP	18	40.35	14.1
CH Ce	93	43.3	13.3
CHS	19	46.65	11
SC NO	7	47.28	7.8
SPC	22	51.64	7.1

Tabla 9.2.1. Muestras utilizadas en el análisis de la tibia con sus respectivos tamaños muestrales (n), Latitud Sur y Temperatura media anual. Masculinos.

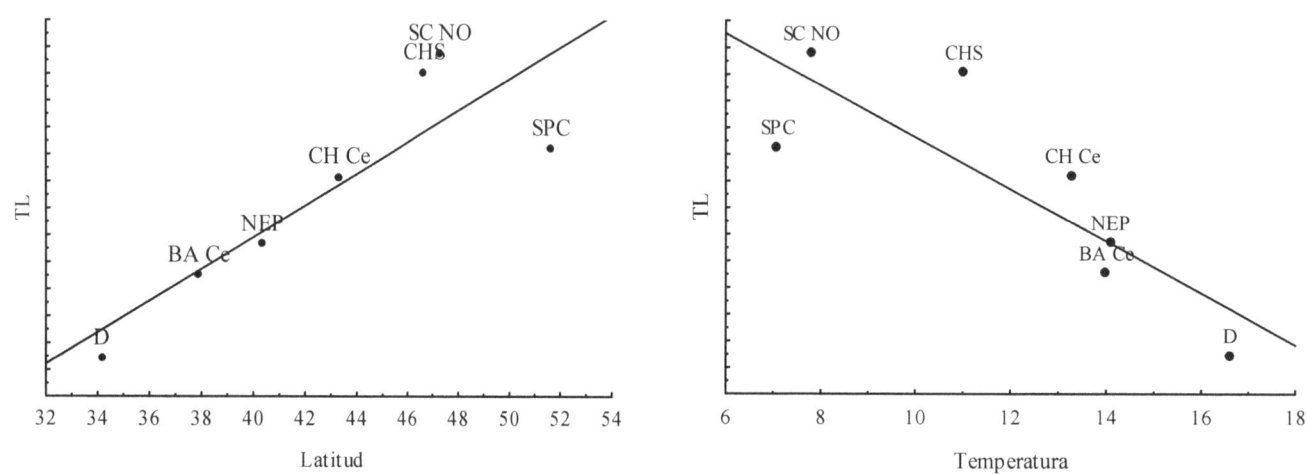

Figura 9.6. Gráfico de dispersión de las medias muestrales. Longitud máxima de la tibia contra latitud y temperatura. Masculinos

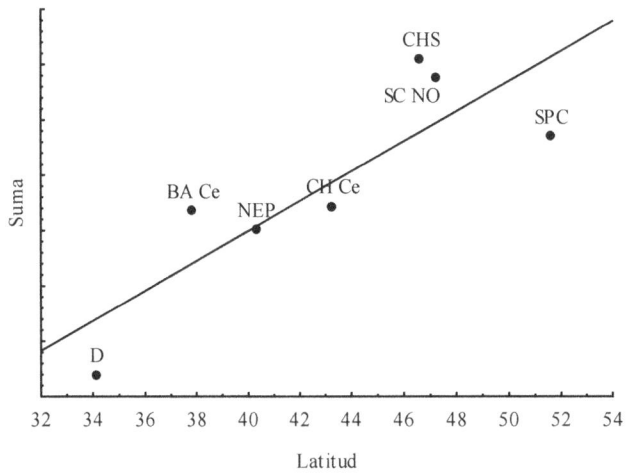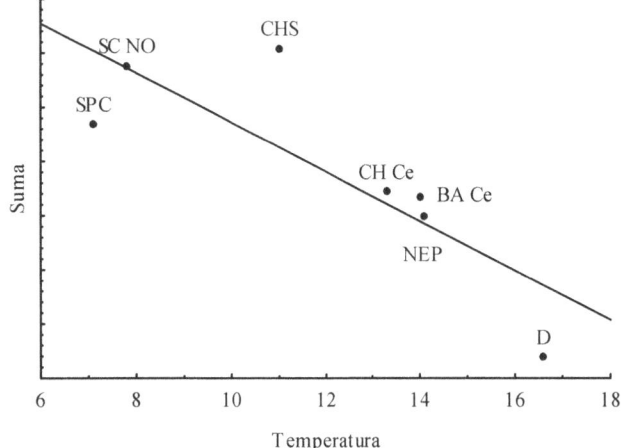

Figura 9.7. Gráfico de dispersión de las medias muestrales. Suma de las variables de la tibia contra latitud y temperatura. Masculinos.

	IC				
	Media	S	r	r²	t	p
	83.91	0.01				
Latitud			-0.17	0.03	-0.46	0.659
Temperatura			0.18	0.03	0.49	0.637

Tabla 9.3. Valores de correlación (r y r²) entre latitud y temperatura, y el índice crural (IC). Media: media aritmética, S: desvío estándar, t: valor del estadístico *t* con su correspondiente probabilidad *p* para la prueba de significación. Masculinos.

Grupo	n	Lat°	T°
D	18	34.23	16.6
BA Ce	8	37.71	13.4
BA S	3	38.00	15.1
NEP	11	40.58	14.1
CH Ce	23	43.05	13.3
CH S	14	45.65	12.6
SC Co	3	46.67	12.3
SC NO	10	47.47	7.8
SPC	14	51.98	7.1

Tabla 9.3.1. Muestras utilizadas en el análisis del índice crural con sus respectivos tamaños muestrales (n), Latitud Sur y Temperatura media anual. Masculinos.

Femeninos

En los análisis del miembro inferior de los individuos femeninos, de manera similar que en los masculinos, se halló un patrón claro de variación latitudinal y de temperatura en las variables que describen al fémur (Tablas 9.4 y 9.4.1). Sin embargo, al contrario de lo observado en masculinos, la mayoría de las variables de la tibia no presentaron correlaciones significativas (Tablas 9.5 y 9.5.1). La cabeza del fémur y las variables de tamaño (suma y primer componente) estuvieron significativamente correlacionadas con las dos variables explicativas. A su vez, la longitud (FLB) y la epífisis distal (FAE) mostraron correlaciones significativas con la temperatura y no con la latitud (Figuras 9.8 a 9.12), aunque es destacable que estas últimas relaciones son marginalmente significativas (p=0.066 y 0.086 respectivamente) (Tabla 9.4). En el caso de la tibia, solamente la epífisis proximal presenta una correlación estadísticamente significativa con la latitud (Figura 9.13). El índice crural no se correlaciona con las variables explicativas (Tablas 9.6 y 9.6.1).

Del mismo modo que en los individuos masculinos, aquellas correlaciones con probabilidades estadísticamente significativas presentan, en su mayoría, elevados valores de r² (entre 0.58 y 0.84), indicando que la latitud y la temperatura explican gran parte de la variación morfológica encontrada en las muestras.

	Media	S	r	r²	t	p
Latitud						
FLB	422.27	12.91	0.67	0.46	2.24	0.066
FAE	74.68	2.58	0.64	0.41	2.05	0.086
FDMC	43.67	1.41	0.89	0.80	4.85	0.003*
FDMC/FLB	0.10	0.00	0.41	0.17	1.10	0.313
Suma	625.31	19.69	0.73	0.53	2.58	0.042*
CP 1	-	-	-0.79	0.63	-3.18	0.019*

Temperatura						
FLB	422.27	12.91	-0.81	0.65	-3.37	0.015*
FAE	74.68	2.58	-0.83	0.69	-3.69	0.010*
FDMC	43.67	1.41	-0.98	0.97	-13.52	0.000*
FDMC/FLB	0.10	0.00	-0.34	0.12	-0.90	0.403
Suma	625.31	19.69	-0.85	0.72	-3.97	0.007*
CP 1	-	-	0.91	0.84	5.54	0.001*

Tabla 9.4. Valores de correlación (r y r^2) entre latitud y temperatura, y las variables métricas del fémur. Media: media aritmética, S: desvío estándar, t: valor del estadístico *t* con su correspondiente probabilidad *p* para la prueba de significación, *: estadísticamente significativa. Femeninos.

Grupo	n	Latitud	Temperatura
D	19	34.11	16.6
BA	6	37.78	14.25
NEP	25	40.58	14.1
CH Co	42	43.25	13.3
CHS	11	45.65	12.6
SC NO	8	47.47	7.8
SCCo	3	46.67	12.3
SPC	3	51.98	7.1

Tabla 9.4.1. Muestras utilizadas en el análisis del fémur con sus respectivos tamaños muestrales (n), Latitud Sur y Temperatura media anual. Femeninos.

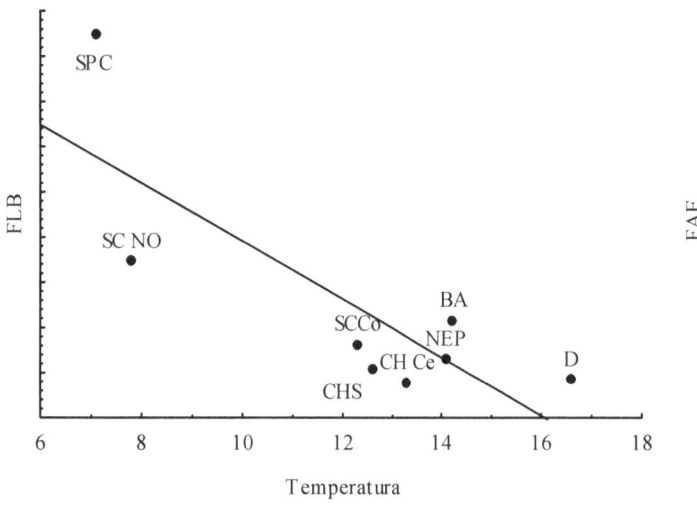

Figura 9.8. Gráfico de dispersión de las medias muestrales. Longitud fisiológica del fémur contra temperatura. Femeninos.

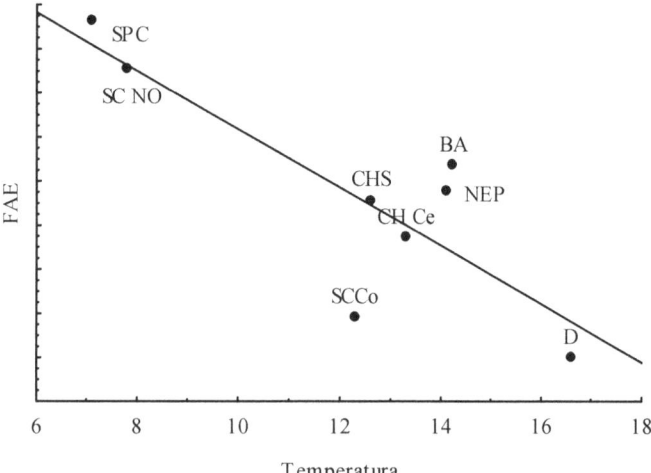

Figura 9.9. Gráfico de dispersión de las medias muestrales. Ancho epicondilar del fémur contra temperatura. Femeninos.

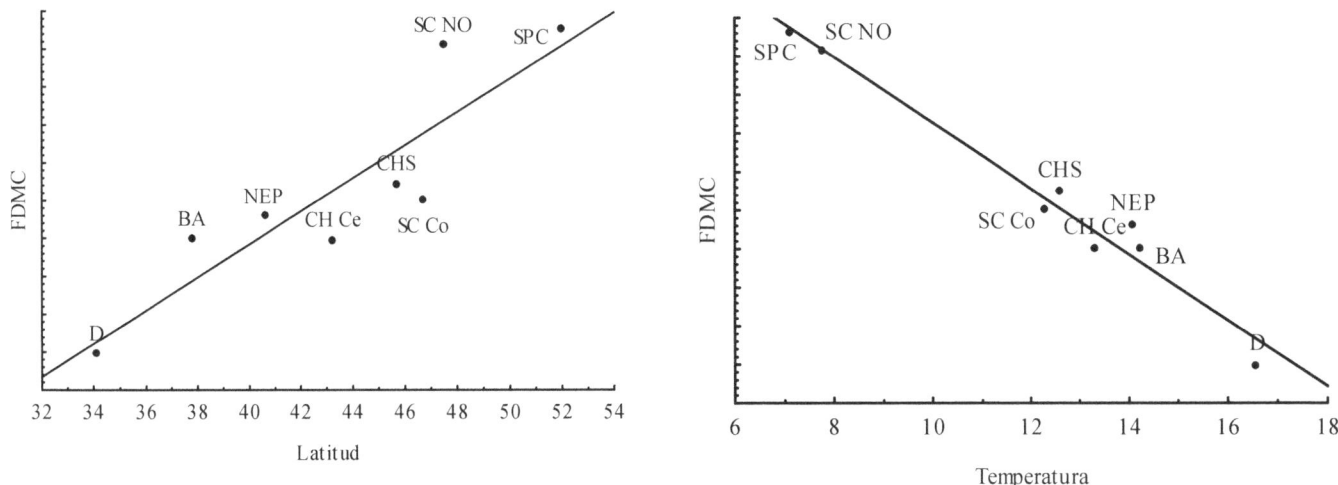

Figura 9.10. Gráfico de dispersión de las medias muestrales. Diámetro máximo de la cabeza del fémur contra latitud y temperatura. Femeninos.

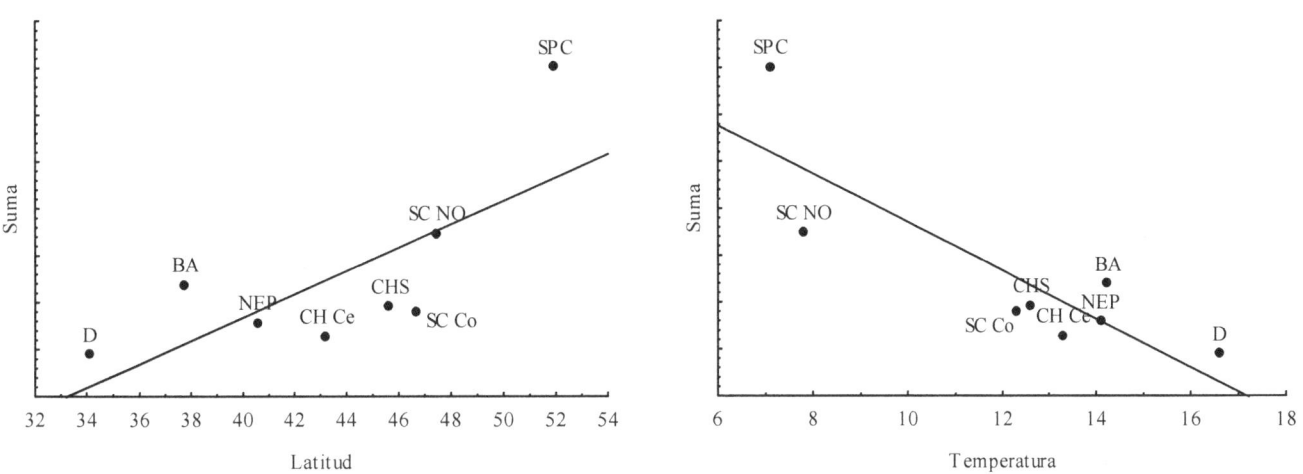

Figura 9.11. Gráfico de dispersión de las medias muestrales. Suma de las variables del fémur contra latitud y temperatura. Femeninos.

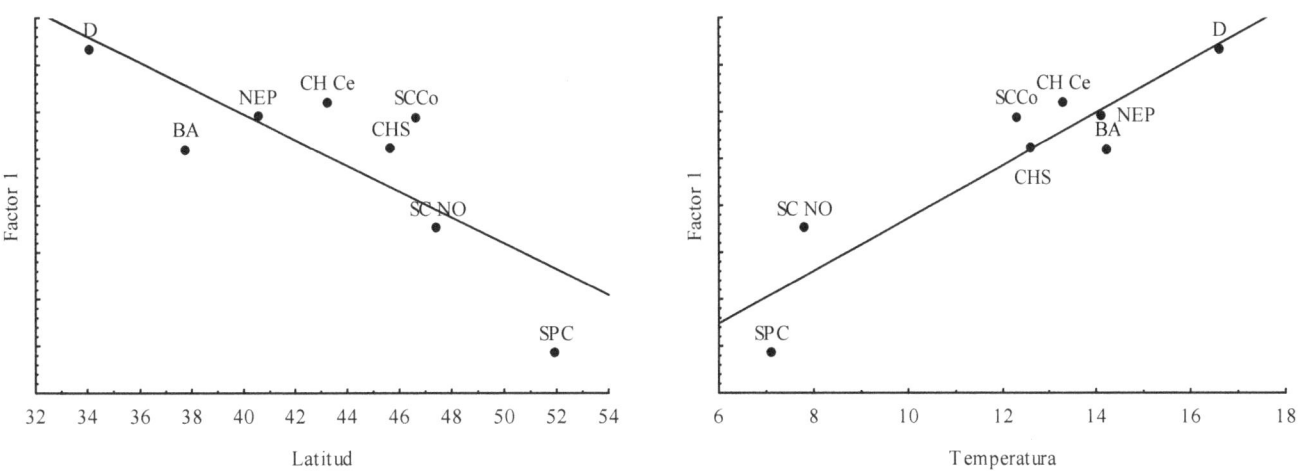

Figura 9.12. Gráfico de dispersión de las medias muestrales. CP 1 del fémur contra latitud y temperatura. Femeninos

	Media	S	r	r²	t	p
Latitud						
TL	353.80	4.20	0.61	0.38	1.74	0.142
TAMEP	68.87	2.07	0.76	0.58	2.62	0.047*
TC_M	73.38	2.93	0.36	0.13	0.85	0.433
Suma	496.05	8.45	0.62	0.38	1.75	0.141
CP 1	-	-	-0.64	0.40	-1.84	0.124
Temperatura						
TL	353.80	4.20	-0.63	0.40	-1.84	0.126
TAMEP	68.87	2.07	-0.64	0.41	-1.88	0.119
TC_M	73.38	2.93	-0.46	0.21	-1.17	0.296
Suma	496.05	8.45	-0.63	0.40	-1.83	0.127
CP 1	-	-	0.64	0.41	1.88	0.119

Tabla 9.5. Valores de correlación (r y r²) entre latitud y temperatura, y las variables métricas de la tibia. Media: media aritmética, S: desvío estándar, t: valor del estadístico t con su correspondiente probabilidad p para la prueba de significación, *: estadísticamente significativa. Femeninos.

Grupo	n	Latitud	Temperatura
D	15	34.23	16.6
BA	14	37.92	14
NEP	26	40.58	14.1
CH Co	41	43.05	13.3
CHS	8	46.00	11
SC NO	12	47.47	7.8
SPC	4	52.42	6.3

Tabla 9.5.1. Muestras utilizadas en el análisis de la tibia con sus respectivos tamaños muestrales (n), Latitud Sur y Temperatura media anual. Femeninos.

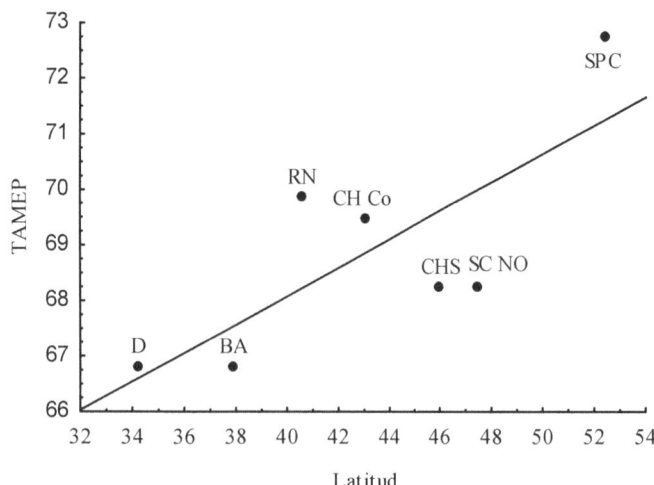

Figura 9.13. Gráfico de dispersión de las medias muestrales. Ancho máximo de la epífisis proximal de la tibia contra latitud. Femeninos.

IC					
Media	S	r	r²	t	p
83.49	1.50				
Latitud		0.68	0.46	1.60	0.207
Temperatura		-0.62	0.38	-1.36	0.268

Tabla 9.6. Valores de correlación (r y r²) entre latitud y temperatura, y el índice crural (IC). Media: media aritmética, S: desvío estándar, t: valor del estadístico t con su correspondiente probabilidad p para la prueba de significación. Femeninos.

Grupo	n	Latitud	Temperatura
D	19	34.11	16.6
BA	6	37.78	14.25
NEP	25	40.58	14.1
CHS	11	45.65	12.6
SC NO	8	47.47	7.8

Tabla 9.6.1. Muestras utilizadas en el análisis del índice crural con sus respectivos tamaños muestrales (n), Latitud Sur y Temperatura media anual. Femeninos.

9.1.2 Miembro Superior

Masculinos

En el análisis del miembro superior de los individuos masculinos, se encontró una correlación marginalmente significativa entre la articulación distal del húmero (HAE) y la latitud. Las demás variables no presentan asociaciones con las variables explicativas en ninguno de los dos huesos considerados (Tablas 9.7 y 9.7.1).

	Media	S	r	r²	t	p
Latitud						
HLF	317.18	4.59	0.25	0.06	0.58	0.58
HAE	62.31	1.16	-0.69	0.48	-2.16	0.08
HDVC	47.32	0.73	0.13	0.02	0.28	0.79
HCMM	70.45	2.29	0.04	0.00	0.09	0.93
HDVC/HLF	0.15	0.00	-0.14	0.02	-0.32	0.76
Suma	496.94	6.04	0.00	0.00	0.00	1.00
CP 1	-	-	0.09	0.01	0.20	0.85
Temperatura						
HLF	317.18	4.59	-0.42	0.18	-1.04	0.34
HAE	62.31	1.16	0.59	0.35	1.63	0.16
HDVC	47.32	0.73	-0.12	0.02	-0.28	0.79
HCMM	70.45	2.29	0.00	0.00	-0.01	1.00
HDVC/HLF	0.15	0.00	0.35	0.12	0.83	0.45
Suma	496.94	6.04	-0.13	0.02	-0.30	0.78
CP 1	-	-	-0.02	0.00	-0.05	0.96

Tabla 9.7. Valores de correlación (r y r²) entre latitud y temperatura, y las variables métricas del húmero. Media: media aritmética, S: desvío estándar, t: valor del estadístico t

con su correspondiente probabilidad *p* para la prueba de significación. Masculinos.

Grupo	n	Latitud	Temperatura
D	32	34.14	16.6
BA	22	37.88	14
NEP	57	40.35	14.1
CH Co	115	43.3	13.3
CH S	24	46.16	12.6
SC NO	11	47.28	7.8
SPC	27	51.59	7.1

Tabla 9.7.1. Muestras utilizadas en el análisis del húmero con sus respectivos tamaños muestrales (n), Latitud Sur y Temperatura media anual. Masculinos.

	Media	S	r	r^2	t	p
Latitud						
RLM	252.77	4.28	0.55	0.30	1.31	0.26
RDS	12.73	0.51	-0.30	0.09	-0.63	0.56
RDT	15.80	0.83	-0.45	0.20	-1.00	0.37
RCM	44.72	1.68	-0.35	0.12	-0.74	0.50
Suma	326.03	4.45	0.28	0.08	0.58	0.59
CP 1	-	-	0.43	0.19	0.97	0.39
Temperatura						
RLM	252.77	4.28	-0.52	0.27	-1.21	0.29
RDS	12.73	0.51	0.22	0.05	0.45	0.67
RDT	15.80	0.83	0.47	0.22	1.06	0.35
RCM	44.72	1.68	0.38	0.15	0.83	0.45
Suma	326.03	4.45	-0.24	0.06	-0.50	0.64
CP 1	-	-	-0.42	0.18	-0.94	0.40

Tabla 9.8. Valores de correlación (r y r^2) entre latitud y temperatura, y las variables métricas del radio. Media: media aritmética, S: desvío estándar, t: valor del estadístico *t* con su correspondiente probabilidad *p* para la prueba de significación. Masculinos.

Grupo	n	Latitud	Temperatura
D	27	34.14	16.6
BA	13	37.88	14
NEP	27	40.35	14.1
CH Co	79	43.3	13.3
SC NO	8	47.28	7.8
SPC	32	50.16	7.1

Tabla 9.8.1. Muestras utilizadas en el análisis del radio con sus respectivos tamaños muestrales (n), Latitud Sur y Temperatura media anual. Masculinos.

Femeninos

En el análisis del miembro superior de los individuos femeninos, contrariamente a lo que se observó en el mismo miembro del grupo masculino, se hallaron asociaciones de la variación morfológica con la latitud y la temperatura. Si bien este patrón no es tan claro como en el miembro inferior, se advirtió que las variables de longitud y tamaño general de ambos huesos presentan correlaciones significativas o marginalmente significativas con la latitud y/o con la temperatura (Tablas 9.9 a 9.10.1). Además, la cabeza del húmero mostró una correlación marginalmente significativa con la temperatura.

Por su parte, aquellas correlaciones con probabilidades estadísticamente significativas presentaron elevados valores de r^2 (entre 0.67 y 0.75), indicando que la latitud y la temperatura explican gran parte de la variación morfológica de las muestras.

Cabe destacar que la tendencia de las correlaciones fue disímil en los dos elementos analizados. En el caso del húmero se observó una clara alineación de las muestras a lo largo de la recta, mientras que las muestras correspondientes al radio tendieron a agruparse en dos conjuntos separados fundamentalmente por tamaño, a pesar de presentar correlación alta y significativa. Esto se puede apreciar fácilmente en las Figuras 9.14 a 9.19.

	Media	S	r	r^2	p
Latitud					
HLF	292.34	6.99	0.82	0.68	0.04*
HAE	54.58	0.34	0.62	0.39	0.18
HDVC	41.62	1.04	0.60	0.35	0.21
HCM_M	62.08	1.42	0.64	0.40	0.17
HDVC/HLF	0.14	0.00	-0.42	0.18	0.41
Suma	450.61	8.86	0.85	0.72	0.03*
CP 1	-	-	-0.86	0.75	0.03*
Temperatura					
HLF	292.34	6.99	-0.74	0.55	0.09
HAE	54.58	0.34	-0.46	0.21	0.36
HDVC	41.62	1.04	-0.73	0.54	0.098
HCM_M	62.08	1.42	-0.49	0.24	0.33
HDVC/HLF	0.14	0.00	0.01	0.00	0.99
Suma	450.61	8.86	-0.77	0.59	0.08
CP 1	-	-	0.82	0.67	0.048*

Tabla 9.9. Valores de correlación (r y r^2) entre latitud y temperatura, y las variables métricas del húmero. Media: media aritmética, S: desvío estándar, t: valor del estadístico *t* con su correspondiente probabilidad *p* para la prueba de significación, *: estadísticamente significativa. Femeninos.

Grupo	n	Latitud	Temperatura
D	14	34.14	16.6
BA	12	37.88	14
NEP	45	40.35	14.1
CH Co	61	43.3	13.3
SC NO	9	47.28	7.8
SC-CHs	9	46.16	12.6

Tabla 9.9.1. Muestras utilizadas en el análisis del húmero con sus respectivos tamaños muestrales (n), Latitud Sur y Temperatura media anual. Femeninos.

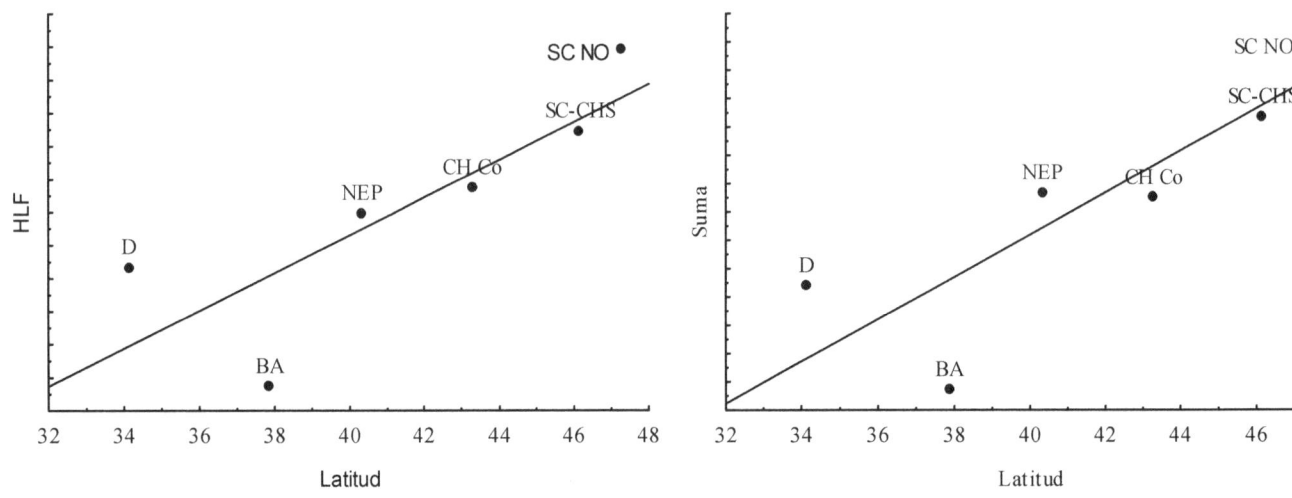

Figura 9.14. Gráfico de dispersión de las medias muestrales. Longitud fisiológica del húmero contra latitud. Femeninos.

Figura 9.15. Gráfico de dispersión de las medias muestrales. Suma de las variables del húmero contra latitud. Femeninos

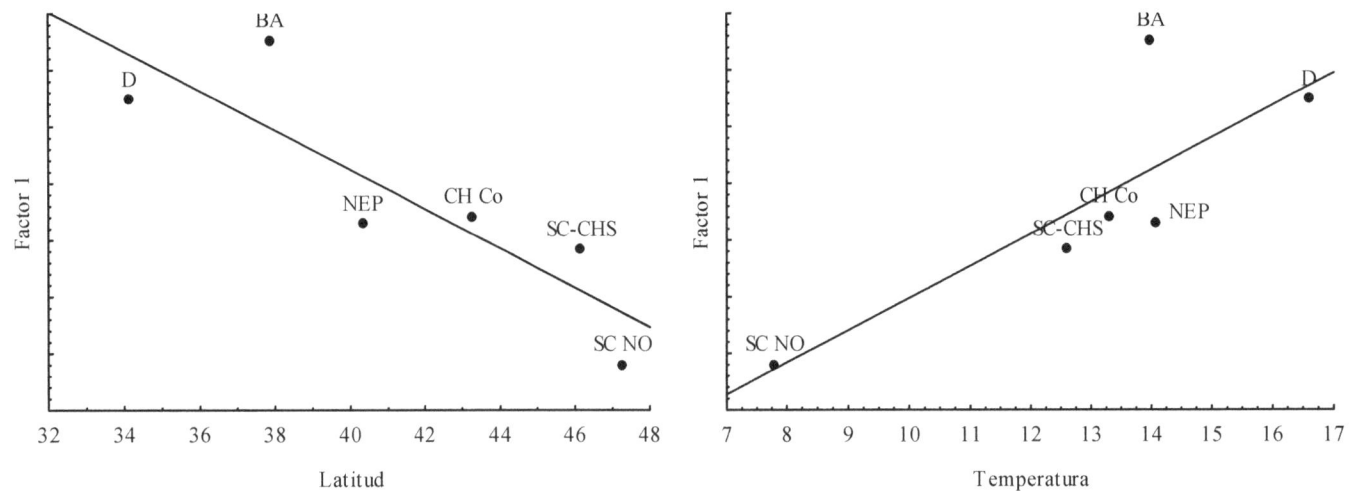

Figura 9.16. Gráfico de dispersión de las medias muestrales. CP 1 del húmero contra latitud y temperatura. Femeninos.

	Media	S	r	r^2	t	p
Latitud						
RLM	235.49	6.59	0.71	0.50	2.00	0.12
RDS	11.23	0.51	0.74	0.55	2.22	0.09
RDT	14.37	0.88	0.04	0.00	0.08	0.94
RCM	39.98	1.80	0.54	0.29	1.29	0.27
Suma	301.07	8.57	0.71	0.50	1.99	0.12
CP 1	-	-	-0.66	0.43	-1.75	0.15
Temperatura						
RLM	235.49	6.59	-0.83	0.69	-2.97	0.04*
RDS	11.23	0.51	-0.81	0.66	-2.80	0.05*
RDT	14.37	0.88	-0.21	0.04	-0.43	0.69
RCM	39.98	1.80	-0.70	0.49	-1.97	0.12
Suma	301.07	8.57	-0.85	0.73	-3.29	0.03*
CP 1	-	-	0.81	0.66	2.76	0.05

Tabla 9.10. Valores de correlación (r y r^2) entre latitud y temperatura, y las variables métricas del radio. Media: media aritmética, S: desvío estándar, t: valor del estadístico *t* con su correspondiente probabilidad *p* para la prueba de significación, *: estadísticamente significativa. Femeninos.

Grupo	n	Latitud	Temperatura
D	11	34.14	16.6
BA	12	37.88	14
NEP	15	40.35	14.1
CH	26	43.3	13.3
SC NO	8	47.28	7.8
SC	6	50.07	7.1

Tabla 9.10.1. Muestras utilizadas en el análisis del radio con sus respectivos tamaños muestrales (n), Latitud Sur y Temperatura media anual. Femeninos.

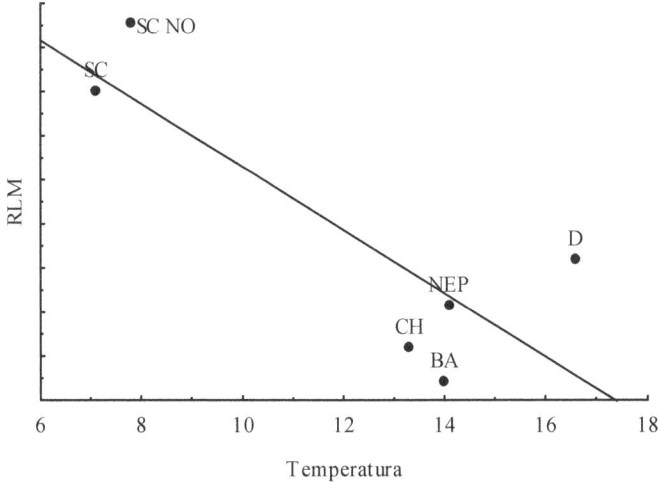

Figura 9.17. Gráfico de dispersión de las medias muestrales. Longitud máxima del radio contra temperatura. Femeninos.

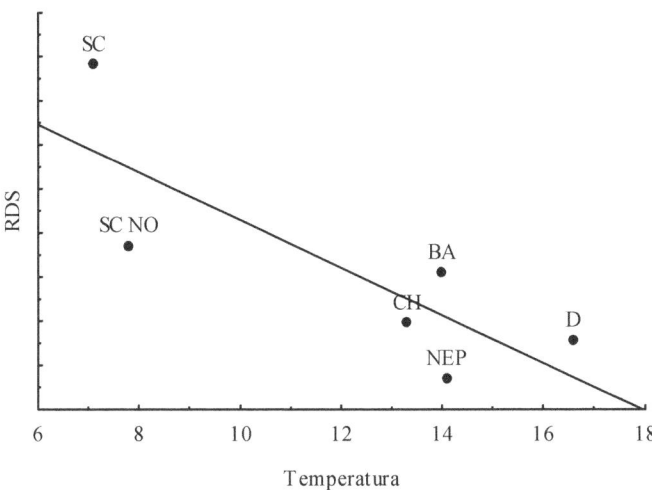

Figura 9.18. Gráfico de dispersión de las medias muestrales. Diámetro sagital del radio contra temperatura. Femeninos.

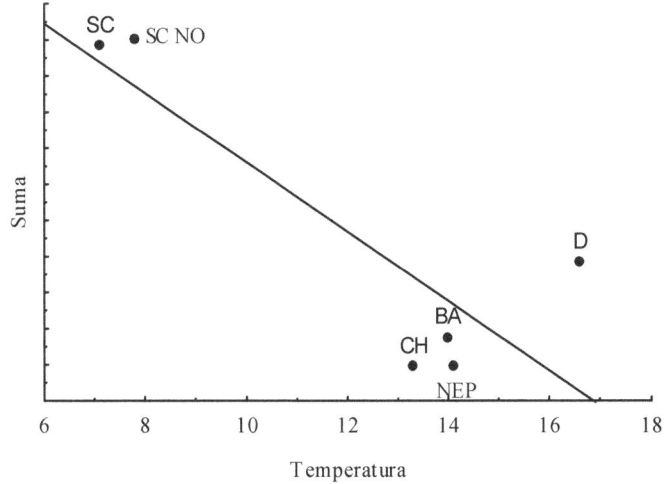

Figura 9.19. Gráfico de dispersión de las medias muestrales. Suma de las variables del radio contra temperatura. Femeninos.

9.2 Partición de la variación

En las Tablas 9.11 a 9.13 se presentan los resultados para los análisis de regresión parcial o de partición de la variación. Dichos análisis fueron efectuados sobre aquellas variables significativamente correlacionadas con la temperatura y que a su vez mostraron asociación significativa con la latitud (tal como sugieren Garland et al., 2005; y Peres-Neto, 2006). Esta técnica permitió identificar las contribuciones común y única de las variables explicativas al modelo que expresa la variación morfométrica. Con este fin, la variación fue particionada en cuatro componentes: una parte estrictamente debida a la latitud o la autocorrelación espacial, una parte estrictamente debida a la temperatura, una parte debida a la influencia de ambos factores (variación ambiental evolutivamente estructurada, VAEE, o efecto común) y una parte de la variación no explicada (Desdevises et al., 2003; Legendre y Legendre, 1998; Peres-Neto, 2006). La última columna de las tablas muestra el total explicado por el modelo, calculado como 100% menos el porcentaje no explicado.

9.2.1 Miembro inferior

Masculinos

El análisis de regresión parcial mostró que en el miembro inferior de los individuos masculinos la mayor parte de la variación morfométrica (entre el 50 y 70% de la variación total) es debida al efecto común de las dos variables explicativas analizadas en este trabajo (Tabla 9.11). Esto indica que un elevado porcentaje de variación no pudo ser discernido entre la porción de la variación explicada únicamente por la latitud y la explicada únicamente por la temperatura. Estos valores también pueden ser interpretados como una interacción fuerte entre ambas variables -*i.e.* latitud y temperatura- para explicar la variación observada. Los valores de VAEE fueron particularmente elevados para la medida global de tamaño (Suma) y las longitudes del fémur y la tibia (FLB y TL respectivamente). Finalmente, el 21 % de la variación de la cabeza del fémur (FDMC) fue explicada por la contribución única de latitud, mientras el 15% de la variación en la longitud bicondilar del fémur (FLB) fue explicada por la temperatura. El resto de las variables presentaron valores muy bajos para la contribución única de las variables explicativas.

Fémur	Explicada por latitud	Variación ambiental evolutivamente estructurada	Explicada por temperatura	No explicado	Total explicado
FLB	0.0	67.0	15.0	18.0	82.0
FAE	1.9	51.1	4.0	43.0	57.0
FDMC	21.1	47.9	1.4	29.6	70.4
Suma	2.7	70.3	5.5	21.4	78.6
CP1	9.0	64.9	0.8	25.3	74.7
Media	7.0	60.2	5.3	27.5	72.5
Tibia					
TL	5.4	69.4	0.3	25.0	75.0
Suma	3.6	67.4	0.8	28.2	71.8
Media	4.5	68.4	0.5	26.6	73.4

Tabla 9.11. Variación de la morfología del miembro inferior del grupo masculino particionada entre latitud y temperatura para cuantificar la variación ambiental evolutivamente estructurada.

Femeninos

En el caso de los individuos femeninos aquellas medidas del fémur que muestran correlaciones significativas con temperatura y latitud presentan un patrón similar al observado en el miembro inferior de los masculinos, en el sentido de que la mayor parte de la variación explicada se encuentra en la interacción de las variables explicativas (VAEE) (Tabla 9.12). A diferencia del otro sexo, en todas las variables la contribución única de la temperatura presenta porcentajes relativamente elevados (*ca.* 17-35%) y la latitud contribuye escasamente, con valores cercanos a cero. El ancho epicondilar del fémur (FAE) es el único caso con una aporte algo mayor de la latitud (*ca.* 7%).

Fémur	Explicada por latitud	Variación ambiental evolutivamente estructurada	Explicada por temperatura	No explicado	Total explicado
FLB	1.8	43.8	21.7	32.8	67.3
FAE	6.9	34.2	35.2	23.6	76.4
FDMC	0.0	79.7	17.1	3.2	96.8
Suma	1.1	51.6	20.9	26.5	73.5
CP1	0.7	62.1	21.6	15.7	84.3
Media	2.1	54.3	23.3	20.4	79.6

Tabla 9.12. Variación de la morfología del miembro inferior del grupo femenino particionada entre latitud y temperatura para cuantificar la variación ambiental evolutivamente estructurada. Femeninos.

9.2.2 Miembro Superior

Masculinos

En el miembro superior de los individuos masculinos ninguna de las variables presentó correlación significativa con ambas variables explicativas (Tablas 9.7 y 9.8), por lo tanto no se llevó a cabo el análisis de la partición de la variación morfométrica.

Femeninos

En la Tabla 9.13 se observa que, de manera consistente con los demás elementos analizados, la variación morfológica del húmero de los individuos femeninos fue explicada mayormente por la VAEE. Tal es el caso de las variables relacionadas con el tamaño (HLF, Suma y CP1). Esto refuerza el patrón observado en los análisis precedentes, que indicaron fuerte asociación entre la latitud y la temperatura en la explicación de la variación morfológica. La contribución única de la latitud mostró valores que en promedio fueron cercanos al 12%. El zeugopodio, en cambio, no presentó correlaciones significativas con las variables explicativas.

Húmero	Explicada por latitud	Variación ambiental evolutivamente estructurada	Explicada por temperatura	No explicado	Total explicado
HLF	13.52	54.30	0.48	31.70	68.30
Suma	13.57	58.00	0.67	27.76	72.24
CP1	10.34	64.35	2.19	23.12	76.88
Media	12.48	58.88	1.11	27.53	72.47

Tabla 9.13. Variación de la morfología del miembro superior del grupo femenino particionada entre latitud y temperatura para cuantificar la variación ambiental evolutivamente estructurada. Femeninos.

9.3 Prueba de Tasa de Divergencia

En las Tablas 9.14 a 9.21 se presentan los resultados obtenidos para la prueba Δ de tasa de divergencia morfológica, considerando 778 generaciones para la comparación entre el par de muestras ubicadas en los extremos latitudinales y 389 para el conjunto total de muestras (ver Capítulo 8). En estas tablas los valores resaltados indican tasas distintas a las esperadas por deriva génica, presentes en el miembro inferior (Tablas 9.14 a 9.17).

Análisis preliminares de tasas de divergencia sobre el índice crural para los individuos masculinos concuerdan con aquellos obtenidos para el miembro superior (Tablas 9.18 a 9.21), mostrando valores esperados por factores aleatorios, pero los mismos no fueron incorporados a este trabajo de tesis debido al pequeño tamaño de las muestras utilizadas para calcular las varianzas de las muestras.

La comparación efectuada con el par de muestras de los extremos latitudinales permitió dar cuenta de la dependencia entre las poblaciones debida a las relaciones evolutivas entre las mismas (Lynch, 1990; Steppan *et al.*, 2002). Esta aproximación se sustentó en el hecho de que las comparaciones de a pares no presentan estructura evolutiva o filogenética (Steppan *et al.*, 2002). El análisis del conjunto total de muestras se presenta con fines exploratorios y comparativos.

9.3.1 Miembro inferior

Masculinos

La prueba Δ de la tasa de divergencia realizada sobre el miembro inferior de los individuos masculinos (Tablas 9.14 y 9.15) presentó valores claramente mayores que el valor máximo esperado por deriva génica para variables métricas esqueletales de mamíferos en general y poblaciones humanas en particular [0.01, (Lynch, 1990)]. Las variables relacionadas a la articulación de la rodilla constituyeron la excepción, ya que tanto el ancho epicondilar del fémur para el conjunto total de muestras (Ln FAE, Tabla 9.14) como la epífisis proximal de la tibia (Ln TAMEP, Tabla 9.15) mostraron valores de Δ dentro del rango esperado por azar [0.01-0.0001, (Lynch, 1990)]. Lo mismo sucede con la longitud de la tibia (Ln TL; Tabla 9.15), aunque sólo cuando se tuvieron en cuenta las muestras de los extremos geográficos.

FEMUR	Ln SUM	Ln FLB	Ln FDMC	Ln FAE	CP1
D BACe BAS NEP CHCe CHS SCCo SCNO SPC	**0.012**	**0.01**	**0.017**	0.007	**0.015**
Extremos: D vs SPC	**0.026**	**0.017**	**0.037**	**0.018**	**0.034**

Tabla 9.14. Tasa de divergencia morfológica del fémur de individuos masculinos calculada para todas las muestras y para las dos muestras provenientes de los extremos geográficos de la extensión analizada. Variables transformadas en logaritmos naturales.

TIBIA	Ln SUM	Ln TL	Ln TAMEP	Ln TCM	CP1
D BA NEP CHCe CHS SC-NO SPC	**0.011**	**0.010**	0.008	**0.020**	**0.012**
Extremos: D vs SPC	0.009	0.006	0.003	**0.012**	**0.012**

Tabla 9.15. Tasa de divergencia morfológica de la tibia de individuos masculinos calculada para todas las muestras y para las dos muestras provenientes de los extremos geográficos de la extensión analizada. Variables transformadas en logaritmos naturales. Masculinos.

Femeninos

Los análisis de tasa de divergencia efectuados sobre el miembro inferior en los individuos femeninos (Tablas 9.16 y 9.17) mostraron valores mayores que el valor máximo esperado por deriva génica para las variables relacionadas a las epífisis y a las medidas globales de tamaño. En el caso de la tibia se observaron valores superiores a 0,01 al tener en cuenta todas las muestras. Las variables que describen la longitud del miembro inferior (Ln FLB y LnTL) tuvieron valores de Δ que cayeron dentro de lo esperado por azar.

FEMUR	Ln SUM	Ln FLB	Ln FDMC	Ln FAE	CP1
D BA NEP CHCe CHS SCNO SPC	**0.010**	0.007	**0.016**	**0.014**	**0.015**
Extremos: D vs SCNO	0.007	0.003	**0.023**	**0.021**	**0.017**

Tabla 9.16. Tasa de divergencia morfológica del fémur de individuos femeninos calculada para todas las muestras y para las dos muestras provenientes de los extremos geográficos de la extensión analizada. Variables transformadas en logaritmos naturales. Femeninos.

TIBIA	Ln SUM	Ln TL	Ln TAMEP	CP1
D BA NEP CHCe SCCo-CHS SCNO	**0.010**	0.005	**0.011**	**0.017**
Extremos: D vs SC CHS	0.003	0.001	0.007	0.007

Tabla 9.17. Tasa de divergencia morfológica de la tibia de individuos femeninos calculada para todas las muestras y para las dos muestras provenientes de los extremos geográficos de la extensión analizada. Variables transformadas en logaritmos naturales. Femeninos.

9.3.2 Miembro Superior

Masculinos

Los individuos masculinos presentaron, en el miembro superior, valores de Δ que cayeron dentro de los esperados por azar (0.01- 0.0001) en la mayoría de las variables analizadas (Tablas 9.18 y 9.19). Los casos en que el Δ resultó más elevado que el esperado por deriva génica correspondieron a las variables de tamaño global del húmero y del radio, sólo cuando se analizaron todas las muestras a la vez. Si se tienen en cuenta las muestras de los extremos geográficos, la sumatoria de las variables del radio mostró un valor menor que el esperado por azar.

HUMERO	Ln SUM	Ln HLF	Ln HDVC	CP1
D BA NEP CHCe CHS SCNO SPC	0.006	0.004	0.005	**0.011**
Extremos: D vs SPC	0.001	0.0002	0.001	0.001

Tabla 9.18. Tasa de divergencia morfológica del húmero de individuos masculinos calculada para todas las muestras y para las dos muestras provenientes de los extremos geográficos de la extensión analizada. Variables transformadas en logaritmos naturales. Masculinos.

RADIO	*Ln SUM*	*Ln RLM*	*Ln RCM*	*CP1*
D BA NEP CHCe CHS SCNO SPC	0.007	0.009	0.0089	**0.015**
Extremos: D vs SPC	**0.0001**	0.0004	0.002	0.003

Tabla 9.19. Tasa de divergencia morfológica del radio de individuos masculinos calculada para todas las muestras y para las dos muestras provenientes de los extremos geográficos de la extensión analizada. Variables transformadas en logaritmos naturales. Masculinos.

Femeninos

La prueba Δ de tasa de divergencia mostró que las variables del miembro superior de los individuos femeninos presentan valores de divergencia morfológica que cayeron dentro del rango esperado por azar (Tablas 9.20 y 9.21), tanto al considerar todas las muestras como al analizar solamente aquellas ubicadas en los extremos latitudinales.

HUMERO	Ln SUM	Ln HLF	Ln HDVC	CP1
D BA NEP CHCe CHS SCNO	0.0066	0.0074	0.0052	0.0043
Extremos: D- CHS-SAC	0.0055	0.0058	0.0023	0.0034

Tabla 9.20. Tasa de divergencia morfológica del húmero de individuos femeninos calculada para todas las muestras y para las dos muestras provenientes de los extremos geográficos de la extensión analizada. Variables transformadas en logaritmos naturales. Femeninos.

RADIO	Ln SUM	Ln RLM	Ln RCM	CP1
D BA NEP CHCe CHS SCNO SPC	0.009	0.007	0.007	0.009
Extremos: D- SPC	0.007	0.006	0.002	0.002

Tabla 9.21. Tasa de divergencia morfológica del radio de individuos femeninos calculada para todas las muestras y para las dos muestras provenientes de los extremos geográficos de la extensión analizada. Variables transformadas en logaritmos naturales. Femeninos.

10. Discusión
10.1 Patrones de variación en el esqueleto postcraneal de poblaciones humanas de Pampa y Patagonia

Diferentes medidas del esqueleto postcraneal obtenidas en este trabajo mostraron asociaciones con la temperatura media anual y la geografía (*i.e.* latitud). En particular, todas las medidas del fémur y las combinaciones de éstas (FLB, FAE, FDMC, Suma y CP1) se correlacionaron con la temperatura media anual de manera inversa y estadísticamente significativa tanto para individuos masculinos como para femeninos, presentando valores de r en todos los casos $\leq -0,70$. En el caso de los individuos masculinos se observó también correlación inversa significativa para la longitud de la tibia (TL) y la suma de las variables (Suma) del mismo hueso, aunque esta última fue altamente dependiente de la primera dadas las magnitudes relativas de todas las medidas. Por el contrario, para los individuos femeninos no se observaron correlaciones significativas entre la temperatura y las medidas de la tibia. Asimismo, el índice crural no presentó asociación con la temperatura media anual.

Las variables obtenidas para el miembro superior en los individuos masculinos no mostraron asociación con la temperatura media anual. En el caso de los femeninos la temperatura se correlacionó significativamente de modo inverso con la variable CP1 del húmero. Se observó además, correlación marginalmente significativa $(0,05<p<0,10)$ con la longitud fisiológica (HLF) y Suma para el mismo hueso. Estas tres variables estuvieron vinculadas por el efecto diferencial de HLF sobre las otras dos, dada una importante diferencia de magnitud. De modo similar, se encontraron correlaciones significativas entre diferentes variables del radio y la temperatura en los individuos femeninos. Esto es así para las variables RLM, RDS y Suma, mientras que en el caso del CP 1 se observa una significancia marginal (0,05).

Asimismo, la mayor parte de las variables del fémur de los individuos masculinos mostraron correlaciones directas significativas y apreciablemente altas con la latitud. En el caso de los individuos femeninos el patrón de asociación resultó menos evidente, aunque tomando en consideración aquellos casos con correlaciones marginalmente significativas, el patrón observado es similar al de los masculinos. Las medidas de la tibia se correlacionaron significativamente en algunos casos, siendo esta asociación más fuerte en los masculinos que en los femeninos. Las medidas del miembro superior no se correlacionaron en ningún caso con la latitud en los individuos masculinos. Los femeninos mostraron asociación con el húmero pero no con el radio. Las variables HLF, Suma y CP 1 del húmero estuvieron significativamente correlacionadas con la latitud. Estas tres variables mostraron vinculación entre sí, dada la relevancia de la magnitud de la primera en la suma y en el CP 1.

La asociación entre la variación morfométrica y la latitud señalaría la presencia de autocorrelación geográfica o espacial (*i.e.* la similitud entre las muestras debida a su cercanía geográfica) en el patrón morfológico hallado en el postcráneo. La autocorrelación espacial, en este caso medida a partir de la distancia geográfica en sentido latitudinal, sugiere la influencia de factores locales para explicar la similitud morfológica entre las muestras. Sin embargo, la variación postcraneal mostró también asociación significativa con la temperatura, sugiriendo la acción conjunta de factores ecológicos y evolutivos en la divergencia morfológica de la región. Este resultado señala la dificultad de discutir las hipótesis planteadas empleando técnicas estadísticas tradicionales como las correlaciones simples.

Debido a la estructuración espacial de la variación morfológica y climática en la región de estudio, se utilizó el método de partición de la variación para evaluar la incidencia relativa y/o conjunta del espacio [que mediría la chance de que dos poblaciones sean similares por flujo génico o relación filogenética; ver Eller (1999); Roseman (2004); Bernal, (2008); Bernal *et al.*, (2009)] y el ambiente en el patrón de variación morfológica hallado en el esqueleto postcraneal.

Tal como se explicó en el Capítulo 8, la variación fue particionada en cuatro componentes: una parte estrictamente debida a la geografía o el espacio, una parte estrictamente debida a la temperatura, una parte debida a la influencia de ambos factores (variación ambiental evolutivamente estructurada, VAEE, o efecto común) y una parte de la variación no explicada. La porción de la variación que se debe a la interacción entre espacio y temperatura presentó, en la mayor parte de las variables estudiadas con esta técnica, los valores más elevados (*ca.* 50 a 70%), siendo en algunos casos el componente que explica cerca del total de la variación. El componente espacial presentó valores cercanos a 0%, variando entre 10% y 20% sólo para una variable del fémur en los masculinos (FDMC) y en las tres variables del húmero en femeninos (HLF, Suma y CP 1). El componente explicado por la temperatura alcanzó un valor apreciable solamente para una variable del fémur en masculinos (FLB, 15%). En los femeninos, en cambio, todas las variables del miembro inferior presentaron valores relativamente elevados en el componente debido a la temperatura (alcanzando valores entre 20 y 35%).

Los métodos comparativos empleados en este trabajo permitieron mostrar la existencia de asociación entre la variación en algunas de las variables del esqueleto postcraneal estudiadas, la temperatura y el espacio. En conjunto, los valores bajos encontrados para el componente de la variación vinculado exclusivamente al espacio o a la temperatura permiten sugerir que los fenómenos ambientales no habrían actuado de manera independiente del espacio para modelar la divergencia morfológica entre las poblaciones de Pampa y Patagonia. Por el contrario, este análisis mostró que la variación ambiental esta geográficamente estructurada, existiendo un efecto común de la temperatura y el espacio. Por lo tanto, ambas variables se encontraron asociadas entre si y no fueron distinguibles en cuanto al efecto clinal producido en la variación del postcráneo. Particularmente, en nuestra región de estudio la dirección de poblamiento, la variación climática y el patrón de flujo génico están restringidos latitudinalmente por las características de la geografía y de la historia evolutiva de Pampa y Patagonia (Bernal, 2008; Moraga *et al.*, 2000). En consecuencia, estos resultados resultaron no concluyentes en función de las hipótesis planteadas en este estudio.

Una aproximación alternativa para evaluar las hipótesis enunciadas en este trabajo consistió en el empleo de una prueba de tasa de divergencia derivada de los modelos de la genética cuantitativa (Lynch, 1990). Los valores del estadístico Δ de tasa de divergencia entre poblaciones de Pampa y Patagonia obtenidos para el miembro inferior de ambos sexos fueron superiores al valor máximo de la expectativa de procesos aleatorios (*i.e.* deriva génica y mutación: 0,01) generados por Lynch (1990) a partir de datos experimentales y observacionales. Estos resultados sugieren que el patrón de variación morfológica observado en la región para este miembro podría ser explicado, en parte, por procesos no aleatorios como la selección direccional y la plasticidad fenotípica (ver por ejemplo Lemos *et al.*, 2001; Lynch, 1990). A su vez, en el miembro superior los valores obtenidos resultaron dentro de los valores esperados por fenómenos evolutivos aleatorios, tanto en individuos femeninos como masculinos. Esto indicó, por un lado la complejidad de respuestas de las distintas estructuras anatómicas, como consecuencia de diferentes combinaciones de factores actuando sobre el organismo. Por el otro, permitieron inferir el efecto diferencial entre los miembros superior e inferior, posiblemente asociados a diferentes factores ecológicos o evolutivos.

Las características del poblamiento de Pampa y Patagonia son particularmente relevantes para la discusión de los factores causales responsables de la divergencia morfológica entre poblaciones humanas empleando las técnicas de tasa de divergencia. Lemos y colaboradores, (2001) han indicado que es esperable que el cambio evolutivo ocurra de manera abrupta durante períodos de tiempo relativamente cortos, alternados con períodos de estasis morfológica (Figura 3.2, Capítulo 3). Si la divergencia morfológica siguió un modelo de este tipo, la dinámica evolutiva podría oscurecer la evidencia de los factores no aleatorios que modelaron la divergencia evolutiva en regiones con un poblamiento con gran profundidad temporal. Por lo tanto, un valor dado de tasa de divergencia que indique la acción de procesos aleatorios podría en verdad reflejar la combinación de un período de selección direccional promediado con períodos de estasis o selección estabilizadora. Esta observación señala la importancia de los estudios de tasas de divergencias entre poblaciones humanas en regiones con un poblamiento reciente -como la nuestra- y su relevancia para inferir la acción de factores evolutivos no aleatorios.

Entonces, los resultados de este trabajo sugieren que la hipótesis nula que atribuye la variación morfométrica de las poblaciones de cazadores recolectores del Holoceno tardío de Pampa y Patagonia a procesos aleatorios (*v.g.* deriva génica) puede ser rechazada sólo para las variables del miembro inferior. En consecuencia, es posible postular la acción de factores no aleatorios involucrados en el modelado de la divergencia inter poblacional en estas variables. Sin embargo, aunque las pruebas de correlación y de regresión parcial sugieren que la temperatura es un factor importante en la divergencia morfológica postcraneal, la estimación de la tasa de divergencia no permite establecer directamente si el patrón fue causado por selección direccional, plasticidad fenotípica u otros factores no aleatorios. Esto puede ser explicado simplemente porque la mayoría de las estimaciones sólo requieren un conocimiento de la magnitud del cambio morfológico y del marco temporal. Por lo tanto, las tasas de divergencia evolutivas pueden calcularse y compararse sin ningún conocimiento de heredabilidades, varianzas y covarianzas genéticas o tamaños de poblaciones. No obstante, el conocimiento preciso de estos parámetros es esencial para explicar la diversificación y para comprender los diferentes factores causales involucrados en la misma (Hendry y Kinnison, 1999). En el siguiente apartado discutimos el significado del patrón de variación postcraneal empleando evidencia experimental y observacional, así como el contexto ecológico y de la historia evolutiva de las poblaciones de la región, con el fin de discernir los factores responsables del mismo.

10.2 Causas de la divergencia morfológica en el esqueleto postcraneal de las poblaciones humanas de Pampa y Patagonia

Las causas de los patrones de variación morfológica postcraneal en Pampa y Patagonia serán discutidas en el contexto de la información molecular y ecológica disponible para la región. Por un lado, la evidencia molecular señala que los haplogrupos del ADNmt del sur de Sudamérica están relacionados filogenéticamente con otros haplogrupos Americanos, sugiriendo un proceso de diversificación morfológica local entre las poblaciones estudiadas (Moraga *et al.*, 2000). Por otro lado, en este trabajo se mantuvo relativamente constante la dimensión ecológica vinculada con las prácticas de subsistencia al considerar exclusivamente grupos cazadores-recolectores continentales (Borrero, 2001; Politis y Madrid, 2001). Por lo tanto, la influencia de variables como la dieta sobre la variación morfológica fue minimizada. Tomando en cuenta las consideraciones expresadas arriba, en los apartados siguientes se discuten los posibles factores causales de la variación en la forma y el tamaño corporal.

10.2.1 Causas de la variación en la forma corporal

La variación en la forma de los miembros inferiores a partir del índice crural no mostró asociación con las variables de temperatura media anual y latitud. Asimismo, no puede descartarse que el patrón de variación de este índice fuera resultado de la acción de factores aleatorios. Como señalamos previamente, Trinkaus (1981) indicó que el índice crural exhibe una correlación positiva con la temperatura media anual en poblaciones humanas modernas. Por lo tanto, sería esperable encontrar reducción de los valores del índice crural en poblaciones que habitan en climas fríos.

Los resultados obtenidos sugieren falta de adecuación a las expectativas climáticas en esta variable. Esto concuerda con lo observado previamente por Pearson y Millones (2005) para muestras del extremo sur de Patagonia (Selk'nam y Yámana). Los autores compararon el índice crural de estos grupos a escala mundial con poblaciones que habitan en climas fríos y cálidos. Sus resultados indicaron que la forma corporal de los grupos de Tierra del Fuego difirió de aquellas poblaciones humanas con mayor adaptación al frío (*i.e.* Inuit y Sami).

Entre las posibles causas de la falta de asociación entre la temperatura y el índice crural se pueden mencionar problemas de muestreo, corto tiempo de ocupación y fluctuaciones climáticas que ocurrieron durante el tiempo transcurrido desde el poblamiento hasta el Holoceno tardío. Si bien no hay una expectativa clara de que el tamaño muestral usado para calcular las proporciones genere sesgo, este factor no puede ser descartado. Por otro lado, se ha mencionado que el cambio en las proporciones de los miembros indicadas por el índice crural podría producirse con el transcurso de numerosas generaciones. (Holliday, 1997a; 1997b; Trinkaus, 1981). Finalmente, las fluctuaciones climáticas observadas durante el período de ocupación humana de Pampa y Patagonia podrían introducir alguna variación en la señal morfológica de adaptación al clima. Al clima relativamente más frío y árido observado en la región hacia finales del Pleistoceno y al óptimo del Holoceno (Tonni *et al.*, 1999) se suman una serie de fenómenos climáticos que modificaron la temperatura. Caben mencionar: la significativa disminución en la temperatura hace entre 11.000 y 10.000 años (coincidente con el período denominado Younger Dryas del hemisferio norte); el calentamiento de entre 3 y 4° a los *ca.* 9.000 años AP; mayor aridez y altas temperaturas durante la anomalía climática medieval (1150-600 años AP) y la pequeña edad del hielo, detectada en Tierra del Fuego (Stine y Stine, 1990; Tonni *et al.*, 1999) en concordancia con el sur de Patagonia continental (Strelin *et al.*, 2008) entre los años 1.590 y 1.870 de nuestra era. Estas fluctuaciones podrían haber contribuido a alterar los procesos de cambio morfológico, haciendo que éstos sean más difíciles de detectar.

10.2.2 Causas de la variación en el tamaño corporal

Las medidas y conjuntos de medidas empleadas en este estudio con el fin de describir diversos aspectos del tamaño corporal de las poblaciones de la región presentaron asociación inversa y significativa con la temperatura media anual. Estos resultados presentan gran importancia en tanto muestran la vinculación entre temperatura y morfología, en particular con el tamaño corporal, a partir de las medidas de cada hueso y de las combinaciones de éstas. Esto es particularmente claro y consistente en el caso del fémur. Diversos estudios han establecido que el fémur es el elemento del esqueleto que contiene mayor información (*i.e.* que está más altamente correlacionado) acerca de la forma y el tamaño de los individuos, tanto en el caso del hombre (Feldesman y Fountain, 1996; Ruff, 1991) como en mamíferos en general (Damuth y MacFadden, 1990).

El diámetro máximo de la cabeza del fémur (FDMC) puede ser considerado como un proxy de la masa corporal (ver Capítulo 8 y Auerbach y Ruff, 2004). En este estudio se encontró que FDMC estuvo significativamente correlacionado con la temperatura media anual tanto en el caso de los individuos masculinos (r= -0,70; p=0,035) como en los femeninos (r= -0,98; p=0,000). A partir de esas correlaciones se pudo inferir que las poblaciones de Pampa y Patagonia mostraron un patrón de aumento de la masa corporal a medida que disminuye la temperatura. Por otro lado, la longitud del fémur (FLB) es la medida que presenta mayor asociación con la estatura (Béguelin, 2009; Feldesman y Fountain, 1996). En este trabajo se encontró una asociación alta y significativa entre esa variable y la temperatura (masculinos, r=-0,91; p=0,001; femeninos, r=-0,81; p=0,015), permitiendo inferir que la estatura de las poblaciones estudiadas aumentó en función de la disminución de la temperatura.

Asimismo, los resultados obtenidos con el método de partición de la variación, que considera el efecto del espacio sobre la asociación entre temperatura y morfología, mostraron que esta variación también estuvo estructurada en el espacio y sugirió la existencia de otro factor además de la temperatura para explicar la variación en la masa y estatura corporal. Esto podría indicar que las diferencias en estas variables entre las poblaciones de Pampa y Patagonia podrían estar relacionadas al flujo génico actuando a pequeña escala, a la estructuración espacial de las relaciones filogenéticas, o a la dinámica de poblamiento a una escala geográfica mayor (Eller, 1999; Felsenstein, 2002; Hansen *et al.*, 2000; Relethford, 2004). Los dos últimos factores adquieren especial relevancia en la región de estudio debido a que la principal dirección de poblamiento siguió un sentido norte-sur (Borrero, 2001; Miotti y Salemme, 2004).

Como se mencionó previamente, los resultados del estadístico Δ de tasa de divergencia entre poblaciones obtenidos para la longitud del fémur (FLB) y el diámetro máximo de la cabeza (FDMC) sugirieron la acción de factores no aleatorios como la plasticidad fenotípica (o acomodación genética sensu West-Eberhard, 2003) y la selección direccional sobre la variación morfológica observada en la región.

Se ha demostrado que un fuerte estrés producto de bajas temperaturas, interfiere en el crecimiento resultando en la reducción del tamaño final de los individuos (Riesenfeld, 1973; 1981; Serrat, 2007; Serrat *et al.*, 2008). Asimismo, a partir de estudios experimentales con mamíferos ha sido establecido por Weaver e Ingram (1969), que la tibia presenta reducción en el crecimiento durante la ontogenia en individuos sometidos a estrés térmico (frío). Una consecuencia de este fenómeno sería la adopción de proporciones corporales similares a las de individuos de grupos que habitan en climas fríos como los Inuit (Pearson,

2000; Pearson y Millones, 2005) o los Neandertales (Trinkaus, 1981). Por lo tanto, si la plasticidad fenotípica fuese el principal factor responsable de variación morfométrica postcraneal sería esperable que el tamaño corporal medio de los individuos se redujera con la disminución de la temperatura como consecuencia del estrés metabólico que genera este factor. Asimismo, se esperaría mayor reducción de tamaño de los huesos en la porción distal del miembro inferior debido (*v.g.* tibia) debido a que el estrés es más fuerte en aquellos huesos que presentan una exposición más directa a las bajas temperaturas, por los efectos de la vasodilatación que modula la temperatura del cartílago en desarrollo (Serrat, 2007; Serrat *et al.*, 2008).

Sin embargo, las evidencias presentadas aquí no se ajustan a tales expectativas ya que los mayores tamaños se observaron hacia los climas más fríos. En particular, los análisis de asociación mostraron correlaciones inversas, significativas y altas para gran parte de las variables estudiadas, especialmente en aquellas asociadas al tamaño corporal como la longitud del fémur. Asimismo, se observó marcado aumento en las variables que estiman el tamaño, como FDMC (masa corporal) y FLB (estatura), a la vez que ausencia de asociación entre el índice crural y la temperatura, y aumento significativo en la longitud de la tibia con la disminución de la temperatura en los individuos masculinos. Estos resultados se contrapondrían con las expectativas derivadas de la acción de la plasticidad fenotípica.

Existe consenso acerca de que la morfología del cuerpo de las poblaciones humanas se modifica en relación con la temperatura ambiental, de manera tal que permita mantener el equilibrio térmico (Katzmarzyk y Leonard, 1998; Ruff, 1994). Las poblaciones que habitan climas cálidos maximizan la pérdida de calor -principalmente a través de radiación y evaporación, directamente relacionada con la cantidad de superficie corporal- y minimizan la cantidad de producción de calor en las reacciones metabólicas -positivamente correlacionada con el volumen corporal-. En particular, los modelos biogeográficos coinciden en predecir una mayor relación superficie/volumen en poblaciones que habitan climas cálidos. Esto ha sido demostrado por varios autores que encontraron que las poblaciones de climas tropicales tienen masas corporales menores en términos absolutos (Newman, 1953; Roberts, 1953; Schreider, 1950). Schreider (1964) observó que las mayores proporciones superficie/volumen de las poblaciones humanas de climas tropicales pueden ser alcanzadas a través de un alargamiento relativo de la longitud de los miembros con respecto al tronco o de la disminución isométrica del tamaño del cuerpo. La primera de estas alternativas no fue evaluada en esta tesis ya que no se cuenta con estimadores del tamaño del tronco a partir de las muestras de restos óseos empleadas. Las modificaciones isométricas de los cuerpos conllevan crecimientos o decrecimientos desfasados en longitud, área superficial y masa (volumen). Esto se debe a que ante un crecimiento isométrico las áreas aumentan al cuadrado de las longitudes y los volúmenes al cubo de las mismas, con una potencia de 3/2 con respecto a la superficie. De este modo, frente a un decrecimiento isométrico, el volumen disminuye más rápidamente que el área superficial, aumentando el cociente superficie/volumen (masa).

El modelo del cilindro propuesto por Ruff (1994) para la forma humana resume, en un concepto simple basado en aspectos termoregulatorios, varias de las expectativas arriba mencionadas para la variación de la morfología postcraneal. La relación entre el clima y el tamaño corporal ha sido mostrada principalmente para muestras del Viejo Mundo (Roberts, 1953; Ruff, 1991; 1994). Katzmarzyk y Leonard (1998) corroboraron muchos de los modelos de variación fenotípica con respecto al clima en un estudio amplio a escala mundial que incluyó 223 muestras de individuos masculinos y 195 de femeninos, aunque las asociaciones no se mostraron tan marcadas, especialmente en el caso de la masa corporal. Dichos autores, sin embargo, no incluyeron muestras de Sudamérica.

Por lo tanto, si el patrón de variación postcraneal en la región de estudio está relacionado con la acción de la selección direccional que favorecería el mayor tamaño corporal en climas fríos, sería esperable que el tamaño medio de los individuos se incrementara con la disminución de la temperatura. Como se mencionó anteriormente, los valores de correlación obtenidos indicaron que la masa corporal y la estatura de las poblaciones de Pampa y Patagonia se incrementaron con la reducción de la temperatura.

Varios estudios previos han alcanzado resultados parciales similares a los obtenidos en este trabajo. El análisis de las poblaciones del extremo sur de Patagonia (correspondientes a los grupos etnográficos Aónikenk) realizado por Hernández y colaboradores (1997a) mostró que la estatura de las poblaciones del sur de Patagonia fue mayor que la de otras poblaciones de Sudamérica. Aunque el estudio de Hernández y colaboradores (1997a) se restringió a las muestras del extremo sur de nuestra distribución muestral, sus resultados coinciden en general con los alcanzados en este trabajo. Otro estudio desarrollado por Pearson y Millones (2005) indicó que los valores de masa corporal, estimada a partir del ancho bi-ilíaco, y estatura de las poblaciones de Tierra del Fuego (tanto grupos Selk'nam como Yámanas) se caracterizaron por un tamaño corporal semejante al de las poblaciones adaptadas al Ártico en el hemisferio norte. Asimismo, un análisis a escala global efectuado por Stock (2006) donde incluye una muestra de Tierra del Fuego también mostró que la robustez en los miembros se correlacionó negativamente con la temperatura, indicando que los grupos de climas fríos como los de Tierra del Fuego tienden a tener diáfisis más fuertes que aquellos de regiones cálidas. Finalmente, un trabajo desarrollado por Bernal y colaboradores (2006) para muestras del sur de Sudamérica mostró que la robustez craneofacial en esta región estuvo relacionada directamente con la latitud, sugiriendo la influencia de la temperatura sobre la variación inter-poblacional en estos rasgos.

La diversificación en el tamaño corporal como resultado de la acción de la selección direccional habría sido un proceso rápido, considerando que la ocupación de la región desde el poblamiento inicial hasta el Holoceno tardío es breve en términos evolutivos. Por el contrario, los cambios en las proporciones corporales requerirían lapsos temporales extensos. Esto es consistente con diversos estudios que encontraron que los taxa relacionados (*v.g.* poblaciones) varían principalmente en tamaño y en menor medida en la forma (Björklund, 1996; Cheverud, 1989).

En síntesis, la variación en la estatura, el tamaño y la masa corporal, aproximadas con base en medidas del fémur, pueden ser relacionadas principalmente con la acción de la selección direccional. Particularmente, la variación en estas características morfológicas presentó un patrón clinal en Pampa y Patagonia, sugiriendo que la disminución en la temperatura en sentido norte – sur fue el factor ecológico que modeló este patrón de variación. Otros factores, como el flujo y la deriva génica, si bien pudieron contribuir en el modelado de los patrones de variación inter-poblacional en esta región, habrían tenido una influencia menor con relación a los factores no aleatorios. Por otro lado, los resultados obtenidos con variables del miembro superior y con el índice crural sugieren la importancia de factores aleatorios para explicar los patrones de variación en estas características morfológicas de las poblaciones de la región. Esto indica la complejidad de la interacción entre diferentes características de la morfología y la variación ecológica y evolutiva o filogenética. Las causas de estas respuestas diferenciales podrían estar relacionadas con la escasa profundidad temporal del poblamiento de Pampa y Patagonia, con relación a otras regiones donde habitan poblaciones adaptadas a climas fríos, así como con las fluctuaciones climáticas que ocurrieron durante el Holoceno.

11. Consideraciones finales

Este estudio representa la primera aproximación regional y temporalmente delimitada en el sur de Sudamérica acerca de la variación postcraneal durante el Holoceno tardío. Esta región, último confín continental poblado por los humanos modernos, presenta rangos moderados de variación en la temperatura ambiente –en relación con aquellos encontrados en otras regiones del mundo. Las características particulares de la región estudiada, el corpus de datos y resultados obtenidos resultan de importancia para describir los patrones y procesos de variación métrica postcraneal, así como para comprender la complejidad de los procesos de diversificación postcraneal en los humanos modernos.

La aproximación empleada, que combina métodos comparativos espaciales (análisis de correlación simple y análisis de la partición de la variación) con aquellos derivados de la genética cuantitativa, junto con expectativas biológicas derivadas de los estudios experimentales, resulta novedosa en el marco de los estudios antropológicos postcraneales. Permitió, además de la discusión renovada de los factores evolutivos y ecológicos que modelaron la variación morfológica en las poblaciones del Holoceno tardío de Pampa y Patagonia, la descripción y comprensión de los patrones de variación en diferentes características morfológicas de las poblaciones de la región de estudio resultando:

a) La evidencia de la complejidad de las respuestas de distintos aspectos de la morfología con la temperatura. En particular, se observó que las variables del miembro superior y el índice crural no presentaban asociación con esta variable climática. Por el contrario, el patrón descrito para las variables derivadas del miembro inferior, *i.e.* masa corporal y estatura, se ajustaban a un gradiente norte-sur que se relacionaba con el gradiente climático: A mayor latitud, menor temperatura media anual y mayor aumento del tamaño corporal.

b) Diferencias en estatura y masa corporal explicadas principalmente por la interacción entre ambiente y espacio, o variación ambiental evolutiva o espacialmente estructurada (VAEE, o efecto común). Estos resultados sugirieron que, en general, los fenómenos ambientales y espaciales no actuaron de manera independiente para modelar la divergencia morfológica entre las poblaciones de Pampa y Patagonia. Por el contrario, la variación ambiental estuvo geográficamente estructurada, existiendo un efecto común de la temperatura y el espacio.

c) La importancia de los factores ecológicos sobre la divergencia en la estatura y la masa corporal a partir de las tasas de divergencia para el miembro inferior. La variación en el mismo se explicaría, al menos en parte, por la acción de procesos no aleatorios que modelaron la divergencia inter-poblacional en Pampa y Patagonia. Se corroboró además, la importancia de los procesos aleatorios para modelar la divergencia en el miembro superior.

d) La falta de adecuación de los patrones de variación morfológica a las hipótesis biogeográficas en el miembro superior y el índice crural, se deberían a la ausencia de la acción directa de los factores ecológicos, a la profundidad temporal del poblamiento y/o a las fluctuaciones climáticas ocurridas en el área de estudio que podrían haber actuado diferencialmente sobre la forma y el tamaño corporal.

e) Por último, la asociación de la variación en la estatura y la masa corporal con la temperatura se contrapone a las expectativas derivadas de los trabajos experimentales acerca de la influencia del estrés térmico durante la ontogenia. En consecuencia, la plasticidad fenotípica no constituiría el principal factor no aleatorio que habría dado forma a la diferenciación morfológica encontrada. Por el contrario, el patrón descrito se ajustaría al modelo de aumento de la masa corporal y la estatura, que implica reducción de la pérdida de calor a partir de la disminución de la proporción superficie/volumen. Por lo tanto, la divergencia en el tamaño corporal con el clima podría explicarse como resultado de la selección direccional vinculada a las bajas temperaturas, incrementándose el tamaño medio de los individuos con la disminución de la temperatura.

De este trabajo, surgen líneas de trabajo que requieren ser abordadas a fin de avanzar en la comprensión de las causas de la variación postcraneal en Sudamérica, en el marco de perspectivas evolutivas. En este sentido, las causas de las diferencias existentes entre los patrones de variación observados entre individuos masculinos y femeninos, así como entre los elementos óseos del miembro superior e inferior constituyen problemáticas que restan por dilucidar. Además, la importancia relativa de otros factores ecológicos (*v.g.* dieta, movilidad, patrones de actividad) que podrían haber actuado sobre la divergencia morfológica en Sudamérica debe ser evaluada. Se requiere integrar datos provenientes de líneas de evidencia independientes (*v.g.* isótopos estables) con el fin de contar con caracterizaciones ecológicas de mayor resolución e incorporar muestras que abarquen una escala espacial más amplia y mayor diversidad ecológica, así como variables que describan las propiedades biomecánicas y la robustez de los huesos largos.

12. Referencias Citadas

Ackermann, R. R. y Cheverud, J. M., 2004. Detecting genetic drift versus selection in human evolution. *Proceedings of the National Academy of Sciences. USA.* **101**: 17946-17951.

Acosta, A., Loponte, D., y Musali, J., 2007. A taphonomic approach to the ichthyoarchaeological assemblage of La Bellaca Site 2, wetland of the lower Paraná River, Pampean Region (Argentina). *BAR International Series.* **1601**: 71-88.

Acosta, A. y Musali, J., 2002. Ictioarqueología del Sitio La Bellaca 2 (Pdo. de Tigre, Pcia. de Buenos Aires). Informe Preliminar. *Intersecciones en Antropología.* **3**: 3-16.

Acosta, A. y Pafundi, L., 2005. Zooarqueología y tafonomía de *Cavia aperea* en el humedal del Paraná inferior. *Intersecciones en Antropología.* **3**: 3-19.

Aguilera, N. y Grendi, P., 1996. Hallazgo de un Chenque Protoaonikenk en Juni Aike, Magallanes. *Anales del Instituto de la Patagonia. Serie Ciencias Humanas.* **24**: 163-176.

Aguirre, M. y Whatley, R., 1995. Late quaternary marginal marine deposits and palaeoenvironments from Northeastern Buenos Aires province, Argentina: a review. *Quaternary Science Reviews.* **14**: 223-254.

Aguirre, M. L., Richiano, S., y Negro Sirch, Y., 2006. Palaeoenvironments and palaeoclimates of the Quaternary molluscan faunas from the coastal area of Bahía Vera-Camarones (Chubut, Patagonia). *Palaeogeography, Palaeoclimatology, Palaeoecology.* **229**: 251-286.

Albanese, J., 2003. A metric method for sex determination using the hipbone and the femur. *Journal of Forensic Science.* **48**: 1-11.

Allen, J. A., 1877. The Influence of Physical Conditions on the Genesis of Species. *Radic Rev.* **1**: 108-140.

Arden, N. K., Baker, J., Hogg, C., Baan, K., y Spector, T. D., 1996. The heritability of bone mineral density, ultrasound of the calcaneus and hip axis length: A study of postmenopausal twins. *Journal of Bone and Mineral Research.* **11**: 530-534.

Arrigoni, G. I. y Guichón, R. A., 2004. Resultados del análisis isotópico en la costa central del Golfo San Jorge, Provincia de Chubut., (ms).

Auerbach, B. M., 2007. *Human skeletal variation in the New World during the Holocene: effects of climate and subsistence across geography and time.* Tesis doctoral. Johns Hopkins University, Baltimore, Maryland, United States of America.

Auerbach, B. M. y Ruff, C. B., 2004. Human Body Mass Estimation: A Comparison of "Morphometric" and "Mechanical" Methods. *American Journal of Physical Anthropology.* **125**: 331-342.

Baffi, E. I., Berón, M. A., Aranda, C., y Luna, L., 2001. Evaluación de la estatura en grupos cazadores-recolectores pampeanos del Holoceno Tardío. En: *Libro de Resúmenes XIV Congreso Nacional de Arqueología Argentina* Universidad Nacional de Rosario. Faculatad de Humanidades y Arte, 135-136, Rosario.

Baffi, E. I. y Luna, L., 2005. Evaluación de indicadores de estrés funcional en una muestra procedente del sitio Chenque I (Parque Nacional Lihue Calel, prov. de La Pampa). *Revista Argentina de Antropología Biológica.* **7**: 103.

Baker, P. T., 1988. Human population biology: a developing paradigm for biological anthropology. *International Social Science Journal.* **40** (1): 255-263.

Barberena, R., 2002. *Los límites del mar. Isótopos estables en Patagonia Meridional.* Sociedad Argentina de Antropología, Buenos Aires.

Barberena, R., Blasi, A., y Castiñeira, C., 2006. Geoarqueología en cuevas: el sitio Orejas de Burro 1 (Pali Aike, Argentina). *Magallania.* **34** (1): 119-138.

Barberena, R., Gil, A., Neme, G., y Tykot, R. H., 2009. *Stable isotopes and archaeology in Southern South America. Hunter-gatherers, pastoralism and agriculture: an introduction.* Journal of Archaeology. Special Volume.

Barbujani, G., 2000. Geographical patterns: how to identify them, and why. *Human Biology.* **72**: 133-153.

Barrientos, G., 1997. *Nutrición y Dieta de las Poblaciones Aborígenes Prehispánicas del Sudeste de la Región Pampeana.* Facultad de Ciencias Naturales y Museo, Universidad Nacional La Plata. Tesis Doctoral inédita, N°692, Argentina. 231 pp.

Barrientos, G., Béguelin, M., y Gordon, F., 2009. Demografía en el Norte de Patagonia durante el Holoceno tardío: Una discusión a partir del registro bioarqueológico regional. (ms).

Barrientos, G., Leipus, M., y Oliva, F., 1997. Investigaciones arqueológicas en la Laguna Los Chilenos (Provincia de Buenos Aires). En: *Arqueología Pampeana en la Década de los '90*, M. A. Berón y G. G. Politis (eds.). Museo Municipal de Historia Natural de San Rafael e INCUAPA, 115-125, San Rafael, Mendoza.

Barrientos, G. y Perez, S. I., 2002. La dinámica del poblamiento humano del Sudeste de la Región Pampeana durante el Holoceno. *Intersecciones en Antropología.* **3**: 41-54.

Bayón, C., Martínez, G., Armentano, G., y Scabuzzo, C., 2004. Arqueología del valle inferior del río Colorado. El sitio La Primavera. *Intersecciones en Antropología.* **5**: 39-53.

Beals, K. L., Smith, C. L., y Dodd, S. M., 1984. Brain size, cranial morphology, climate, and time machines. *Current Anthropology.* **25**: 301-330.

Béguelin, M., 2007. *Informe de la visita al Museo Regional Patagónico Profesor Antonio Garcés. Comodoro Rivadavia, Chubut. Informe inédito.* 7pp. Museo Regional Patagónico Profesor Antonio Garcés, Comodoro Rivadavia.

Béguelin, M., 2009. Stature estimation in a Central Patagonian prehispanic population: development of new models considering specific body proportions. *International Journal of Osteoarchaeology.* (ms).

Béguelin, M. y Barrientos, G., 2006. Variación morfométrica postcraneal en muestras tardías de restos humanos de Patagonia: una aproximación biogeográfica. *Intersecciones en Antropología.* **7**: 49-62.

Béguelin, M. y Gonzalez, P. N., 2008. Estimación del sexo en poblaciones sudamericanas mediante funciones discriminantes para el fémur. *Revista Argentina de Antropología Biológica.* **10**: 55-70.

Bergmann, C., 1847. Uber die Verhaltniesse der Warmeokonomie der Thiere zu Ihrer Grosse. *Gottingen Studien.* **1**: 595-708.

Bergna, L. M., 1949. Estudio antropométrico de escolares de ascendencia araucano-argentina. *Anales del Instituto Étnico Nacional.* **2**: 131-142.

Bernal, V., 2008. *Procesos de Diferenciación Biológica entre Poblaciones Humanas del Holoceno Tardío de Patagonia. Una Aproximación desde la Variación Métrica Dental.* Facultad de Ciencias Naturales y Museo. Universidad Nacional de La Plata. Tesis Doctoral inédita, N°979, La Plata. 258 pp.

Bernal, V., Gonzalez, P. N., Perez, S. I., y Del Papa, M. C., 2004. Evaluación del error intraobservador en bioarqueología. *Intersecciones en Antropología.* **5**: 129-140.

Bernal, V., Gonzalez, P. N., Perez, S. I., y Pucciarelli, H. M., 2008. Entierros humanos del Noreste de Patagonia: nuevos fechados radiocarbónicos. *Magallania.* **36** (2): 125-134.

Bernal, V., Perez, S. I., y Gonzalez, P. N., 2006. Variation and causal factors of craniofacial robusticity in Patagonian hunter-gatherers from late Holocene. *American Journal of Human Biology.* **18**: 748-765.

Bernal, V., Perez, S. I., Gonzalez, P. N., Sardi, M. L., y Pucciarelli, H. M., 2009. Evolutionary history of human populations from southern South America: a study of dental morphometric variation., (ms).

Berón, M. A. y Baffi, E. I., 2003. Procesos de cambio cultural en los cazadores-recolectores de la provincia de La Pampa, Argentina. *Intersecciones en Antropología.* **4**: 29-43.

Bettinger, R., 1991. *Hunter-Gatherers: Archaeological and Evolutionary Theory.* Plenum Press, New York.

Binford, L. R., 1980. Willow Smoke and Dogs' Tails: Hunter-Gatherer Settlement Systems and Archaeological Site Formation. *American Antiquity.* **45**: 4-20.

Binford, L. R., 2001. *Constructing Frames of Reference. An analytical Method for Archaeological Theory Building Using Ethnographic and Environmental Data Sets.* University of California Press, London.

Björklund, M., 1996. The importance of evolutionary constraints in ecological time scales. *Evolutionary Ecology.* **10**: 423-431.

Bó, R. F. y Malvárez, A. I., 1999. El pulso de inundación y la biodiversidad en humedales. Un análisis sobre el efecto de eventos extremos sobre la fauna silvestre asociada a estos sistemas. En: *Tópicos sobre humedales subtropicales y templados de Sudamérica*, A. I. Malvárez (ed.). Universidad de Buenos Aires, 147-168, Buenos Aires.

Boas, F., 1922. Report on an anthropometric investigation of the population of the United States. *Journal of the American Statistical Association.* **18** (138): 181-209.

Bonetto, A. A. y Hurtado, S., 1999. Región 1 Cuenca del Plata. Los humedales en la Argentina. Clasificación, situación actual, conservación y legislación. En: *Publicación Wetlands International*, P. Canevari, D. E. Blanco, E. Bucher, G. Castro, y I. Davidson (eds.). Wetlands International, 31-72, Buenos Aires.

Bonfils, C., 1962. Los suelos del Delta del Río del Paraná. Factores generadores, clasificación y uso. *Revista de Investigación Agraria, INTA VI.* **3**: 257-370.

Borrero, L. A., 1999. The Prehistoric Exploration and Colonization of Fuego-Patagonia. *Journal of World Prehistory.* **13**: 321-355.

Borrero, L. A., 2001. *El Poblamiento de la Patagonia. Toldos, Milodones y Volcanes.* Emecé, Buenos Aires.

Borrero, L. A. y Franco, N. V., 2000. Arqueología de Cabo Vírgenes. Actas del XIII Congreso Nacional de Arqueología Argentina.

Borromei, A. M. y Nami, H. G., 2000. Contribución a la paleoecología de la cuenca del Río Chico en el extremo sur de la Provincia de Santa Cruz: el aporte de la palinología. *Arqueología Contemporánea.* **6**: 105-122.

Bravi, C. M., Fuku, N., Nishigaki, Y., Carnese, F. R., Goicoechea, A. S., Tanaka, M., y Bianchi, N. O. 2008. Poblando el último confín de la tierra: la evidencia mitocondrial en Patagonia. *Resúmenes del X Congreso de la Asociación Latinoamericana de Antropología Biológica (ALAB), La Plata* (abstract).

Bridges, T., 1886. El confín sur de la república. La Tierra del Fuego y sus habitantes. *Boletín del Instituto Geográfico Argentino.* **7**: 200-212.

Buc, N. y Sacur Silvestre, R., 2006. Funcionalidad y complementariedad de los conjuntos líticos y óseos en el humedal del nordeste de la Pcia. de Buenos Aires: Anahí, un caso de estudio. *Intersecciones en Antropología.* **7**: 129-146.

Buikstra, J. E. y Ubelaker, D., 1994. *Standards for Data Collection from Human Skeletal Remains*. Arkansas Archeological Survey Research Series. **44**Arkansas Archeological Survey, Fayetteville, AR.

Burry, L. S. y D'Antoni, H. L., 2001. Análisis de polen del sur de Chubut (Argentina): reinterpretacion del perfil del Alero del Cañadón de las Manos Pintadas en base a análogos modernos. *Asociacion Paleontológica Argentina, Publicación Especial.* **8**: 65-72.

Cabrera, A. L., 1976. *Regiones fitogeográficas argentinas*. Enciclopedia Argentina de Agricultura y Jardinería. ACME, Buenos Aires.

Cadien, J., Harris, E., Jones, W., y Mandarino, L., 1976. Biological lineages, skeletal populations and microevolution. *Yearbook of Physical Anthropology.* **18**: 194-201.

Carnese, F. R., Cocilovo, J., y Goicoechea, A. S., 1991-1992. Análisis histórico y estado actual de la antropología biológica en Argentina. *Runa, Archivo para las Ciencias del Hombre.* **20**: 35-67.

Carnese, F. R. y Pucciarelli, H. M., 2007. Investigaciones antropolobiologicas en Argentina, desde la década de 1930 hasta la actualidad. *Relaciones de la Sociedad Argentina de Antropología.* **32**: 243-280.

Carretero, J. M., Lorenzo, C., y Arsuaga, J. L., 1999. Axial and appendicular skeleton of *Homo antecessor*. *Journal of Human Evolution.* **37**: 459-499.

Cassiodoro, G., Aragone, A., y Re, A., 2004. Más allá de los chenques... Registro arqueológico de sitios a cieloabierto en la cuenca de los lagos Salitroso y Posadas Pueyrredón. En: *Contra Viento y Marea. Arqueología de Patagonia*, M. T. Civalero, P. M. Fernández, y A. G. Guráieb (eds.). Instituto Nacional de Antropología y Pensamiento Latinoamericano, Sociedad Argentina de Antropología, 325-338, Buenos Aires.

Castro, A. S. y Moreno, J. E., 2000. Noticia sobre enteerratorios humanos en la costa Norte de Santa Cruz-Patagonia-Argentina. *Anales del Instituto de la Patagonia. Serie Ciencias Humanas.* **28**: 225-231.

Cavalli-Sforza, L. L., Menozzi, P., y Piazza, A., 1994. *The history and geography of human genes*. Princeton University Press, Princeton.

Cavallotto, J. L., Violante, R. A., y Parker, G., 2004. Sea-level fluctuations during the last 8600 years in the de la Plata river (Argentina). *Quaternary International.* **114** (1): 155-165.

Celbis, O. y Agritmis, H., 2006. Estimation of stature and determination of sex from radial and ulnar bone lengths in a Turkish corpse sample. *Forensic Science International.* **158**: 135-139.

Cheverud, J. M., 1982. Phenotypic, genetic, and environmental morphological integration in the cranium. *Evolution.* **36**: 499-516.

Cheverud, J. M., 1989. A comparative analysis of morphological variation patterns in the papionins. *Evolution.* **43**: 1737-1747.

Cheverud, J. M., 2004. Modular pleiotropic effects of quantitative trait loci on morphological traits. En: *Modularity in development and evolution*, G. Schlosser y G. Wagner (eds.). University of Chicago Press, 132-153, Chicago.

Cheverud, J. M., Routman, E., Duarte, F., van Swinderen, B., Cothran, K., y Perel, C., 1996. Quantitative Trait Loci for Murine Growth. *Genetics.* **142**: 1305–1319.

Chillida, L. A., 1943. Características métricas y morfológicas del húmero en los aborígenes argentinos. *Revista del Instituto de Antropología.* **3**: 3-35.

Chowen, J. A., Fragol, L. M., y Argente, J., 2004. The regulation of GH secretion by sex steroids. *European Journal of Endocrinology.* **151**: 95-100.

Churchill, S. E., 1998. Cold Adaptation, Heterochrony, and Neandertals. *Evolutionary Anthropology: Issues, News, and Reviews.* **7** (2): 46-60.

Clapperton, C. M., 1993. Nature and environmental changes in South America at the Last Glacial Maximum. *Palaeogeography, Palaeoclimatology, Palaeoecology.* **101**: 189-208.

Cocilovo, J., 1981. *Estudio sobre discriminación y clasificación de poblaciones prehispánicas del NO Argentino*. Santiago: Museo Nacional de Historia Natural. Publicación Ocasional N°36.

Cocilovo, J. y Di Rienzo, J., 1984-1985. Un modelo biológico para el estudio del poblamiento prehispánico del territorio argentino. Correlación fenético-espacial. *Relaciones de la Sociedad Argentina de Antropología.* **16**: 119-135.

Cocilovo, J. y Neves, W. A., 1988-1989. Afinidades biológicas entre las poblaciones del litoral del Brasil y de Argentina. Primera aproximación. *Relaciones de la Sociedad Argentina de Antropología.* **17** (2): 31-56.

Colantonio, S. E., 1981. Craneología indígena de San Blas e Isla Gama (Prov. de Bs. As.). *Publicaciones del Instituto de Antropología.* **37**: 31-48.

Cole, T. M. I., 1994. Size and shape of the femur and the tibia in Northern Plains Indians. En: *Skeletal Biology in the Great Plains: Migration, Warfare, Health, and Subsistence*, D. W. Owsley y R. L. Jantz (eds.). Smithsonian Institution Press, 219-233, Washington.

Coronato, A., Salemme, M., y Rabassa, J., 1999. Palaeoenvironmental conditions during the early peopling of Southernmost South America (Late Glacial-Early Holocene, 14-8 ka B.P.). *Quaternary International.* **53/54**: 77-92.

Corruccini, R., 1987. Shapes in morphometrics: comparative analyses. *American Journal of Physical Anthropololgy.* **73**: 289-303.

Coyne, J. A., Barton, N. H., y Turelli, M., 1997. Perpective: a critique of Sewall Wright's shifting balance theory of evolution. *Evolution.* **51** (3): 643-671.

Coyne, J. A., Barton, N. H., y Turelli, M., 2000. Is Wright's shifting balance process important in evolution? *Evolution.* **54** (1): 306-317.

Damuth, J. y MacFadden, B. J., 1990. Introduction: body size and its estimation. En: *Body size in mammalian paleobiology: estimation and biological implications*, J. Damuth y B. J. MacFadden (eds.). Cambridge University Press, 1-10, Cambridge.

Dejean, C. B., Lanata, J. L., Martino, L., Carnese, F. R., y Osella, A., 2007. Demografía y distribución de haplogrupos mitocondriales durante la dispersión inicial en las Américas. *Revista Argentina de Antropología Biológica.* **9**: 51.

Del Papa, M. C., Gordon, F., Castro, J. C., Fuchs, M. L., Menéndez, L. P., Di Bastiano Andres, y Pucciarelli, H. M. 2008. Cráneo del norte de Patagonia con modificaciones *post mortem*. *X Congreso de la Asociación Latinoamericana de Antropología Biológica* (abstract).

Desdevises, Y., Legendre, P., Azouzi, L., y Morand, S., 2003. Quantifying phylogenetically-structured environmental variation. *Evolution.* **57** (11): 2647-2652.

Dufty, A. M., Clobert, J., y Moller, A. P., 2002. Hormones, developmental plasticity and adaptation. *Trends Ecol Evol.* **17** (4): 190-196.

Eldredge, N. y Gould, S. J., 1972. Punctuated equilibria: alternative to phyletic gradualism. En: *Models in Paleobiology*, T. J. M. Schopf (ed.). Freeman, Cooper & Co., 82-115.

Eller, E., 1999. Population substructure and isolation by distance in three continental regions. *American Journal of Physical Anthropology.* **108**: 147-159.

Eugenio, E. y Aldazabal, V., 2004. Los cazadores recolectores del litoral marítimo del área de bahía de San Blas, Provincia de Buenos Aires. En: *Contra Viento y Marea. Arqueología de Patagonia*, T. Civalero, P. M. Fernández, y A. G. Guráieb (eds.)., 687-700, Buenos Aires.

Excoffier, L., 2004. Patterns of DNA sequence diversity and genetic structure after a range expansion: lessons from the infinite-island model. *Molecular Ecology.* **13**: 853-864.

Falconer, D. S., 1986. *Introducción a la genética cuantitativa.* CECSA, México.

Favier Dubois, C. M., 2003. Late Holocene climatic fluctuations and soil genesis in southern Patagonia: effects on the archaeological record. *Journal of Archaeological Science.* **30**: 1657-1664.

Favier Dubois, C. M., Borella, F., Manzi, L. M., Cardillo, M., Lanzellotti, S., Scartascini, F., Carolina, M., y Borges Vaz, E., 2006. Aproximación regional al registro arqueológico de la costa rionegrina. En: *Arqueología de la costa patagónica. Perspectivas para la conservación.*, I. Cruz y M. S. Caracotche (eds.). Universidad Nacional de La Patagonia Austral, 49-69, Rio Gallegos.

Favier Dubois, C. M., Borella, F., y Tykot, R. H., 2009. Explorando tendencias en el uso humano del espacio y los recursos en el litoral rionegrino (Argentina) durante el Holoceno medio y tardío. En: *Arqueología de Patagonia: una mirada desde el último confín. VII Jornadas de Arqueología de la Patagonia.*, M. Salemme, F. Santiago, M. Alvarez, E. Piana, M. Vázquez, y E. Mansur (eds.). Utopías Ushuaia.

Favier Dubois, C. M., García Guraieb, S., Borella, F., y Mariano, C., 2007. Primeros avances acerca del registro bioarqueológico de la costa rionegrina. XVI Congreso Nacional de Arqueología Argentina.

Feldesman, M. R. y Fountain, R. L., 1996. Race Specificity and the Femur/Stature Ratio. *American Journal of Physical Anthropology.* **100**: 207-224.

Feldesman, M. R., Kleckner, J. G., y Lundy, J. K., 1990. Femur/stature ratio and estimates of stature in mid- and late-Pleistocene fossil hominids. *American Journal of Physical Anthropology.* **83**: 359-372.

Felsenstein, J., 1985. Phylogenies and the Comparative Method . *The American Naturalist.* **125** (1): 1-15.

Felsenstein, J., 2002. Contrasts for a within-species comparative method. En: *Modern Developments in Theoretical Population Genetics,* M. Slatkin y M. Veuille (eds.). Oxford University Press, 118-129, Oxford.

Fenner, J. N., 2005. Cross-Cultural Estimation of the Human Generation Interval for Use in Genetics-Based Population Divergence Studies. *American Journal of Physical Anthropology.* **128**: 415–423.

Ferretti, J. L., 2007. Nuevas ideas en fisiopatología del sistema músculo-esquelético. *Revista Médica de Rosario.* **73** : 136-137.

Fisher, R. A., 1930. *The genetical theory of natural selection.* Clarendon Press, Oxford.

Fleagle, J. G., 1985. Size and adaptation in primates. En: *Size and scaling in primate biology,* W. L. Jungers (ed.). Plenum Press, 1-19, New York.

Flores, O., 2007. Estimación del sexo en poblaciones extintas. Análisis de rasgos métricos y no métricos del fémur como indicador de género en grupos aborígenes de la region pampeana. En: *Indios, gauchos, milicos y gringos. Familias, bienes y ritos entre los habitantes pampeanos,* M. A. Caggiano (ed.). Instituto Municipal de Investigaciones Antropológicas de Chivilcoy.

Frost, H. M., 1999. Joint anatomy, design, and arthroses: Insights of the Utah paradigm. *The Anatomical Record .* **255** (2): 162-174.

Futuyma, D. J., 1998. Chapter 13. The Theory of Natural Selection. En: *Evolutionary Biology,* D. J. Futuyma (ed.). Sinauer Associates, 365-395, Sunderland, Massachusetts.

García-Bour, J., Pérez-Pérez, A., Álvarez, S., Férnandez, E., López Parra, A. M., Arroyo-Pardo, E., y Turbón, D., 2004. Early Population Differentiation in Extinct Aborigines From Tierra del Fuego-Patagonia: Ancient mtDNA Sequences and Y-Chromosome STR Characterization. *American Journal of Physical Anthropology.* **123**: 361-370.

García Guraieb, S., 2006. Salud y enfermedad en cazadores-recolectores del Holoceno tardío en la cuenca del Lago Salitroso (Santa Cruz). *Intersecciones en Antropología.* **7**: 37-48.

Garland, T., Bennett Albert F, y Rezende, E. L., 2005. Phylogenetic approaches in comparative physiology. *The Journal of Experimental Biology.* **208** (16): 3015-3035.

Gerber, M., 1966. Diagnóstico racial de los antiguos habitantes de la costa patagónica, en base a la medición de los huesos largos. En: *XXXVI Congreso Internacional de Americanistas* Sevilla.

Gluckman, P. D. y Hanson, M. A., 2006. Evolution, development and timing of puberty. *Trends Ecol Evol.* **17** (1): 7-12.

Gómez Otero, J. y Dahinten, S., 1997-1998. Costumbres funerarias y esqueletos humanos: variabilidad y poblamiento en la costa nordeste de la provincia del Chubut (Patagonia Argentina). *Relaciones de la Sociedad Argentina de Antropología.* **22-23**: 101-124.

Gómez Otero, J., Lanata, J. L., y Prieto, A., 1998. Arqueología de la costa atlántica patagónica. *Revista de Arqueología Americana.* **15**: 107-185.

Gonzalez, P. N., 2008. *Morfometría geométrica aplicada al análisis del dimorfismo sexual en restos óseos humanos de individuos adultos y subadultos.* Facultad de Ciencias Naturales y Museo. Universidad Nacional de La Plata. Tesis Doctoral inédita, N°981, La Plata.

González-José, R., 2003. *El poblamiento de la Patagonia. Análisis de la variación craneofacial en el contexto del poblamiento Americano.* Universidad de Barcelona, Barcelona. Tesis Doctoral inédita, Barcelona, España. 357 pp pp.

Gould, S. J. y Lewontin, R. C., 1979. The spandrels of San Marco and the Panglossian Paradigm: a critique of the adaptationist programme. *Proceedings of the Royal Society of London.* **205** (1161): 581-598.

Goñi, R. y Barrientos, G., 2000. Estudio de chenques en el Lago Salitroso, Provincia de Santa Cruz. En: *Desde el País de los Gigantes. Perspectivas Arqueológicas en Patagonia* Universidad Nacional de la Patagonia Austral, 161-175, Río Gallegos.

Goñi, R. y Barrientos, G., 2004. Poblamiento tardío y movilidad en la cuenca del lago Salitroso. En: *Contra Viento y Marea. Arqueología de Patagonia,* T. Civalero, P. M. Fernández, y A. G. Guráieb (eds.)., 313-324, Buenos Aires.

Goñi, R., Barrientos, G., y Cassiodoro, G., 2000-2002 . Las condiciones previas a la extinción de las poblaciones humanas del sur de Patagonia: una discusión a partir del análisis de la estructura del registro arqueológico de la cuenca del Lago Salitroso. *Cuadernos del Instituto Nacional de Antropología y Pensamiento Latinoamericano.* **19**: 249-266.

Goñi, R., Barrientos, G., y García Guraieb, S., 2006. Analisis preliminar del material óseo humano recuperado en el Chenque n° 1, sitio Campo de Chenques, Punta Medanosa (Provincia de Santa Cruz). Ms., (ms).

Gradin, C. y Aguerre, A., 1994. Excavación del enterratorio de Puesto el Rodeo. En: *Contribución a la Arqueología del Río Pinturas*, C. Gradin y A. Aguerre (eds.). Editorial Ayllu, 259-272, Buenos Aires.

Graham, J. W., Cumsille, P. E., y Elek-Fisk, E., 2003 . Methods for handling missing data. En: *Research Methods in Psychology*, J. A. Schinka y W. F. Velicer (eds.). John Wiley & Sons Handbook of Psychology, 87-114, New York.

Graham, J. W. y Hofer, S. M., 2000. Multiple imputation in multivariate research. En: *Modeling longitudinal and multiple-group data: practical issues, applied approaches, and specific examples*, T. D. Little, K. U. Schnabel, y J. Baumert (eds.). Erlbaum, 201-218, Hillsdale NJ.

Graham, J. W., Hofer, S. M., Donaldson, S. I., MacKinnon, D. P., y Schafer, J. L., 1997. Analysis with missing data in prevention research. En: *The science of prevention: methodological advances from alcohol and substance abuse research.*, K. Bryant, M. Windle, y S. West (eds.). American Psychological Association, 325-366, Washington.

Guichón, R. A., Barberena, R., y Borrero, L. A., 2001. Dónde y cómo aparecen los restos óseos humanos en Patagonia Austral? *Anales del Instituto de la Patagonia. Serie Ciencias Humanas.* 29: 103-118.

Guichón, R. A. y Suby, J. A., 2006. La colección del Museo de Historia Natural de Londres correspondiente a restos óseos humanos de Patagonia Austral. *Magallania* . 34 : 47-56.

Gusinde, M., 1889. Los indios de Tierra del Fuego. *Antropología Física. CAEA*. 4 (1-2).

Gutiérrez, M. A., 2004. *Análisis tafonómicos en el Área Interserrana (Provincia de Buenos Aires)*. Tesis Doctoral inédita. Universidad Nacional de La Plata, La Plata.

Haberzettl, T., Fey, M., Lucke, A., Maidana, N., Mayr, C., Ohlendorf, C., Schäbitz, F., Schleser, G., Wille, M., y Zolitschka, B., 2005. Climatically induced lake level changes during the last two millennia as reflected in sediments of Laguna Potrok Aike, southern Patagonia (Santa Cruz, Argentina). *Journal of Paleolimnology.* 33 (3): 283-302.

Hair, J. F., Anderson, R. E., Tatham, R. L., y Black, W. C., 1999. *Análisis multivariante*. Pearson Educación, Madrid.

Hall, B., 2005. *Bones & Cartilage: Developmental and Evolutionary Skeletal Biology.* 788pp. Elsevier/Academic Press, London.

Hallgrimsson, B., Willmore, K., y Hall, B., 2002. Canalization, developmental stability, and morphological integration in primate limbs. *Yearbook of Physical Anthropology.* 45: 131-158.

Hansen, T. F., Armbruster, W. S., y Antonsen, L., 2000. Comparative Analysis of Character Displacement and Spatial Adaptations as Illustrated by the Evolution of *Dalechampia* Blossoms. *The American Naturalist.* **156, Supplement**: S17–S34.

Harrison, G. A., 1977. *Population structure and human variation*. Cambridge University Press, Cambridge .

Harvati, K. y Weaver, T., 2006. Human cranial anatomy and the differential preservation of population history and climate signatures. *The Anatomical Record* . **288A**: 1225-1233.

Harvey, P. H. y Pagel, M. D., 1991. *The Comparative Method in Evolutionary Biology*. Oxford Series in Ecology and Evolution. 239 pp. Oxford University Press, Oxford.

Hendry, A. P. y Kinnison, M. T., 1999. The pace of modern life: measuring rates of contemporary microevolution. *Evolution.* 53: 1637-1653.

Hernández, M., García-Moro, C., y Lalueza, C., 1997a. Antropometría del esqueleto postcraneal de los Aonikenk. *Anales del Instituto de la Patagonia. Serie Ciencias Humanas.* 25: 35-44.

Hernández, M., Lalueza, C., y García-Moro, C., 1997b. Fuegian cranial morphology: the adaptation to a cold, harsh environment. *American Journal of Physical Anthropology.* 103: 103-117.

Heusser, C. J. y Rabassa, J., 1991. Late Holocene forest-steppe interaction at Cabo San Pablo, Isla Grande de Tierra del Fuego, Argentina. *Quaternary of South America and Antarctic Peninsula.* 9: 173-182.

Holliday, T. W., 1995. *Body Size and Proportions in the Late Pleistocene Western Old World and the Origins of Modern Humans*. Tesis Doctoral. University of New Mexico., Albuquerque.

Holliday, T. W., 1997a. Postcranial evidence of cold adaptation in European Neanderthal. *American Journal of Physical Anthropology.* 104: 245-258.

Holliday, T. W., 1997b. Body proportions in Late Pleistocene Europe and modern human origins. *Journal of Human Evolution.* 32: 423–448.

Holliday, T. W., 1999. Brachial and crural indices of European Late Upper Paleolithic and Mesolithic humans. *Journal of Human Evolution.* 36: 549-566.

Holt, B. y Benfer Jr, R. A., 2000. Estimating Missing Data: An Iterative. Regression Approach. *Journal of Human Evolution.* 39: 289-296.

Holton, N. E. y Franciscus, R. G., 2008. The paradox of a wide nasal aperture in cold-adapted Neandertals: a causal assessment. *Journal of Human Evolution.* 55: 942-951.

Howard, G. M., Nguyen, T. V., Harris, M., Kelly, P. J., y Eisman, J. A., 1998. Genetic and Environmental Contributions to the Association Between Quantitative Ultrasound and Bone Mineral Density Measurements: A Twin Study. *Journal of Bone and Mineral Research.* **13**: 1318-1327.

Hull, D., 1992. The effects of the essentialism on taxonomy. Two thousand years of stasis. En: *The Units of Evolution. Essays on the Nature of Species*, M. Ereshefsky (ed.). The MIT Press, 199-225, Cambridge.

Humphrey, L. T., 1998. Growth patterns in the modern human skeleton. *American Journal of Physical Anthropology.* **105**: 57-72.

Hunt, G., 2004. Phenotypic variance inflation in fossil samples: an empirical assessment. *Paleobiology.* **30** (4): 487-506.

Hutchison, D. W. y Templeton, A. R., 1999. Correlation of pairwise genetic and geographic distince measures: inferring the relative influences of gene flow and drift on the distribution of genetic variability. *Evolution.* **53**: 1898-1914.

I. L. Dryden, I. L. y Mardia, K. V., 1998. *Statistical Shape Analysis*. John Wiley & Sons, New York.

Iglesias, A., 1981. Temperaturas. En: *Atlas Total de la República Argentina*, E. Chiozza y R. Figueira (eds.). Centro Editor de América Latina, 204-208, Buenos Aires.

Imbelloni, J., 1949. Los patagones. Características corporales y psicológicas de una población que agoniza. *Runa, Archivo para las Ciencias del Hombre.* **2** (1-2): 5-58.

Ives, A. R. y Zhu, J., 2006. Statistics for correlated data: phylogenies, space, and time. *Ecological Applications.* **16**: 20-32.

Jacobs, K., 1993. Human postcranial variation in the Ukrainian Mesolithic-Neolithic. *Current Anthropology.* **34**: 311-324.

Jaffe, C. A., Ocampo-Lim, B., Guo, W., Krueger, K., Sugahara, I., DeMott-Friberg, R., Bermann, M., y Barkan, A. L., 1998. Regulatory mechanisms of growth hormone secretion are sexually dimorphic. *Journal of Clinic Investigation.* **102**: 153-164.

Jee, W. S. S., 1986. Tejidos esqueléticos. En: *Histología*, L. Weiss (ed.). El Ateneo Barcelona.

Jungers, W. L., 1982. Lucy's limbs: Skeletal allometry and locomotion in Australopithecus afarensis (A.L. 288-1). *Nature.* **297**: 676-678.

Jungers, W. L., 1984. Aspects of size and scaling in primate biology with special reference to the locomotor skeleton. *Yearbook of Physical Anthropology.* **27**: 73-97.

Jungers, W. L., 1988. Relative joint size and hominoid locomotor adaptations with implications for the evolution of hominid bipedalism. *Journal of Human Evolution.* **17**: 247-265.

Jungers, W. L., 1991. Scaling of postcranial joint size in hominoid primates. *Human Evolution.* **6**: 391-399.

Jungers, W. L., Falsetti, A., y Wall, C. E., 1995. Shape, relative size and size-adjustments in morphometrics. *Yearbook of Physical Anthropology.* **38**: 137-161.

Junk, W. J., Bayley, P. B., y Sparks, R. E., 1989. The flood pulse concept in river floodplain systems. En: *Proceedings of the International Large River Symposium*, D. P. Dodge (ed.)., 110-127, Ottawa, Canadá.

Katzmarzyk, P. T. y Leonard, W. R., 1998. Climatic Influences on Human Body Size and Proportions: Ecological Adaptations and Secular Trends. *American Journal of Physical Anthropology.* **106** (4): 483-503.

Kelly, R. L., 1983. Hunter-gatherer mobility strategies. *Journal of Anthropological Research.* **39**: 277-306.

Kelly, R. L., 1995. *The forager spectrum: diversity in hunter-gatherer lifeways*. Smithsonian Institution Press, Washington.

Kenney-Hunt, J., Vaughn, T., Pletscher, L. S., Peripato, A., Routman, E., Cothran, K., Durand, D., Norgard, E. A., Perel, C., y Cheverud, J. M., 2006. Quantitative trait loci for body size components in mice. *Mammalian Genome .* **17**: 526–537.

Kidwell, S. y Holland, S., 2002. Quality of the fossil record: Implications for evolutionary biology. *Annual Review of Ecological Systems.* **33**: 561-588.

Kimura, M., 1968. Evolutionary rate at the molecular level. *Nature .* **217**: 624-626.

Kimura, M. y Weiss, G. H., 1964. The stepping stone model of population structure and the decrease of genetic correlation with distance. *Genetics.* **49**: 561-576.

Klein, R. F., Turner, R. J., Skinner, L. D., Vartanian, K. A., Serang, M., Carlos, A. S., Shea, M., Belknap, J. K., y Orwoll, E. S., 2002. Mapping Quantitative Trait Loci That Influence Femoral Cross-sectional Area in Mice. *Journal of Bone and Mineral Research.* **17** (10): 1752-1760.

Kozameh, L. F. y López, C. M., 2001. Estudio preliminar del desarrollo muscular y su posible funcionalidad en una población cazadora fueguina. *Revista Argentina de Antropología Biológica.* **3**: 100.

Kurki, H. K., Ginter, J. K., Stock, J. T., y Pfeiffer, S., 2007. Adult proportionality in small-bodied foragers: A test of ecogeographic expectations. *American Journal of Physical Anthropololgy.* **136**: 28-38.

L'Heureux, G. L., 2008. La arqueofauna del Campo Volcánico Pali Aike. El sitio Orejas de Burro 1, Santa Cruz, Argentina. *Magallania.* **36** (1): 65-78.

L'Heureux, G. L., Guichón, R. A., Barberena, R., y Borrero, L. A., 2003. Durmiendo bajo el faro. Estudio de un entierro humano en Cabo Vírgenes (C.V.17), provincia de Santa Cruz, República Argentina. *Intersecciones en Antropología.* **4**: 87-97.

Lahille, F., 1926. Matériaux pour servir f̀ l'histoire des Oonas. *Revista del Museo de La Plata.* **29**: 339-61.

Lahr, M. M., 1995. Patterns of modern human diversification: implications for Amerindian origins. *Yearbook of Physical Anthropology.* **38**: 163-198.

Lande, R., 1977. Statistical tests for natural selection on quantitative characters. *Evolution*. **31**: 442-444.

Lee, M. M. C., Chu, P. C., y Chan, H. C., 1969. Effects of cold on the skeletal growth of albino rats. *American Journal of Anatomy.* **124**: 239-250.

Legendre, P. y Louis Legendre, 1998. *Numerical ecology.* Elsevier Science BV, Amsterdam.

Lehmann-Nitsche, R., 1904. La artritis deformans de los antiguos Patagones. Contribución a la antropopatología. *Revista del Museo de La Plata.* **11**: 199-203.

Lehmann-Nitsche, R., 1910. Catálogo de la Sección Antropología del Museo de La Plata.Buenos Aires, Coni Hnos.

Lehmann-Nitsche, R., 1915a. Relevamiento antropológico de dos indias alacaluf. *Revista del Museo de La Plata.* **23**: 188-192.

Lehmann-Nitsche, R., 1915b. Relevamiento antropológico de tres indios tehuelches. *Revista del Museo de La Plata.* **23**: 192-195.

Lehmann-Nitsche, R., 1916. Etudes anthropologiques sure les indiens ona (Groupe Tshon), de la Terre de Feu. *Rev. S.A.* **23**: 174-184.

Lemos, B., Marroig, G., y Cerqueira, R., 2001. Evolutionary rates and stabilizing selection in large-bodied opossum skulls (Didelphimorphia: Didelphidae). *Journal of Zoology, London.* **255**: 181-189.

Lenormand, T., 2002. Gene flow and the limits to natural selection. *Trends in ecology and evolution.* **17** (4): 183-189.

Leonard, W. R., Snodgrass, J. J., y Sorensen, M. V., 2005. Metabolic adaptation in indigenous siberian populations. *Annual Review of Anthropology.* **34**: 451-71.

León, R. J. C., Bran, D., Collantes, M., Paruelo, J. M., y Soriano, A., 1998. Grandes unidades de vegetación de la Patagonia extra andina. *Ecología Austral.* **8**: 125-144.

Leonard, W. R., Sorensen, M. V., Galloway, V. A., Spencer, G. J., Mosher, M. J., Osipova, L., y Spitsyn, V. A., 2002. Climatic influences on basal metabolic rates among circumpolar populations. *American Journal of Human Biology.* **14**: 609-620.

Lieberman, D. E., Devlin, M. J., y Pearson, O. M., 2001. Articular Area Responses to Mechanical Loading: Effects of Exercise, Age, and Skeletal Location. **116**: 266-277.

Lista, R., 1887. Viaje al País de los Onas. Tierra del Fuego. *Revista de la Sociedad Geográfica Argentina.* **5**.

Loponte, D., 2007. *La economía prehistórica del norte bonaerense. Arqueología del humedal del Paraná inferior, Bajíos Ribereños meridionales.* Facultad de Ciencias Naturales y Museo. Universidad Nacional de La Plata. Tesis Doctoral N° 937. 479 pp.

Loponte, D. y Acosta, A., 2002. Integrating zooarchaeology of Pampa and Patagonia. En: *Integrating zooarchaeology. 9th ICAZ Conference*, M. Maltby (ed.)., 5-16, Durhan.

Loponte, D. y Acosta, A., 2003. Arqueología de cazadores-recolecotres del sector centro-oriental de la región pampeana. *Runa, Archivo para las Ciencias del Hombre.* **24**: 173-212.

Loponte, D., Acosta, A., y Musali, J., 2004. Complejidad social: cazadores-recolectores y horticultores en la región pampeana. En: *Aproximaciones contemporáneas a la arqueología pampeana. Perspectivas teóricas, metodológicas, analíticas y casos de estudio*, G. Martínez, M. Gutierrez, R. Curtoni, M. A. Berón, y P. Madrid (eds.). UNCPBA, Facultad de Ciencias Sociales, 41-60, Olavarría.

Loponte, D., Acosta, A., y Musali, J., 2006. Social complexity among hunter-gatherers from the Pampean region, Argentina. 9th ICAZ Conference, Beyond Affluent Foragers, 106–125.

Luna, L., Aranda, C., Bosio, L. A., y Berón, M. A., 2008. A Case of Multiple Metastasis in Late Holocene Hunter-Gatherers from the Argentine Pampean Region. *International Journal of Osteoarchaeology.* **18**: 492-506.

Lynch, M., 1990. The rate of morphological evolution in mammals from the standpoint of the neutral expectation. *American Naturalist.* **136**: 727-741.

Madrid, P. y Politis, G. G., 1991. Estudios paleoambientales en la Región Pampeana: un enfoque multidisciplinario. *Actas del XI Congreso Nacional de Arqueología Chilena.* **1**: 131-153.

Madrid, P. y Barrientos, G., 2000. La estructura del registro arqueológico del sitio Laguna Tres Reyes 1 (Provincia de Buenos Aires): Nuevos datos para la interpretación del poblamiento humano del Sudeste de la Región Pampeana a inicios del Holoceno tardío. *Relaciones de la Sociedad Argentina de Antropología.* **25**: 179-206.

Malecot, G., 1955. Remarks on decrease of relationship with distance. *Cold Spring Harbor Symp. Quant. Biol.* **20**: 52-53.

Mall, G., Grawb, M., Gehringb, K.-D., y Hubigc, M., 2000. Determination of sex from femora. *Forensic Science International.* **113**: 315–321.

Mancini, M. V., 1998. Vegetational changes during the Holocene in Extra-Andean Patagonia, Santa Cruz Province, Argentina. *Palaeogeography, Palaeoclimatology, Palaeoecology.* **138**: 207-219.

Mancini, M. V., 2003. Paleoecología del Cuaternario Tardío en el Sur de la Patagonia (46°-52° S), Argentina. *Revista del Museo Argentino de Ciencias Naturales (N.S.).* **5**: 273-283.

Mancini, M. V. y Trivi de Mandri, M. E., 1994. Vegetación en el área Río Pinturas. Análisis polínico del Alero Cárdenas. En: *Contribución a la arqueología del Río Pinturas*, C. Gradin y A. Aguerre (eds.)., 48-62.

Manly, B. F., 1986. *Multivariate Statistical Methods: a Primer.* Chapman & Hall, Ltd., London, UK.

Martin, F. M., 2006. *Carnívoros y huesos humanos de Fuego-Patagonia. Aportes desde la tafonomía forense.* Colección Tesis de Licenciatura. 204pp. Sociedad Argentina de Antropología, Buenos Aires.

Martin, R. y Saller, K., 1957. *Lehrbuch der Anthropologie.* Band 1. Gustav Fischer Verlag, Stuttgart.

Martínez, G., Bayala, P., Flensborg, G., y López, R., 2006. Análisis preliminar de los entierros humanos del sitio Paso Alsina 1 (Partido de Patagones, Provincia de Buenos Aires). *Intersecciones en Antropología.* **7**: 95-108.

Martinic, M., 1976. Hallazgo y excavación de una tumba Aonikenk en Cerro Johnny ("Brazo Norte"), Magallanes. *Anales del Instituto de la Patagonia.* **7**: 95-104.

Massone, M., 1984. Los paraderos tehuelches y prototehuelches en la costa del estrecho de Magallanes. *Anales del Instituto de la Patagonia. Serie Ciencias Sociales.* **15**: 27-42.

Maynard Smith, J., Burian, R., Kauffman, S., Alberch, P., Campbell, J., Goodwin, B., Lande, R., Raup, D., y Wolpert, L., 1985. Developmental constraints and evolution. *Quarterly Review of Biology.* **60**: 265-287.

McCulloch, R. D., Clapperton, C. M., Rabassa, J., y Currant, A., 1997. The natural setting. The glacial and postglacial environmental history of Fuego-Patagonia. En: *Patagonia. Natural history, prehistory, and ethnography at the uttermost end of the earth*, C. Mcewan, L. A. Borrero, y A. Prieto (eds.). British Museum Press, 12-31, London.

McNab Brian K, 1983. Energetics, body size, and the limits to endothermy. *Journal of Zoology, London.* **99**: 1-29.

McNab, B. K., 1990. The physiological significance of body size. En: *Body size in mammalian paleobiology: estimation and biological Implications*, J. Damuth y B. J. MacFadden (eds.). Cambridge University Press, 11-23, New York.

Mendez, M. G. y Salceda, S. A., 1995. Metric and non-metric variants in prehistoric populations of Argentina. *Rivista di Antropología.* **73**: 145-158.

Mendez, G., Salceda, S. A., y López Armengol, M. F., 1997. Significado adaptativo de la morfología craneofacial humana. *Biogeographica.* **73**: 57-66.

Mielke, J. H., Konigsberg, L. W., y Relethford, J. H., 2006. *Human Biological Variation.* 418pp. Oxford University Press, Oxford.

Millan, A. G., Zavatti, J., Gómez Otero, J., y Dahinten, S., 2007. Variación temporal en la estatura de poblaciones extintas de cazadores-recolectores del Nordeste del Chubut. *Revista Argentina de Antropología Biológica.* **9**: 161.

Miotti, L. y Salemme, M., 2004. Poblamiento, movilidad y territorios entre las sociedades cazadoras recolectoras de Patagonia. *Complutum.* **15**: 177-200.

Moraga, M. L., Rocco, P., Miquel, J. F., Nervi, F., Llop, E., Chakraborty, R., Rothhammer, F., y Carvallo, P., 2000. Mitochondrial DNA Polymorphisms in Chilean Aboriginal Populations: Implications for the Peopling of the Southern Cone of the Continent. *American Journal of Physical Anthropology.* **113**: 19-29.

Moreno, F., 1874. Cementerios y paraderos prehistóricos de la Patagonia. *Anales de la Sociedad Científica Argentina.* **1**: 2-13.

Mosimann, J. E., 1970. Size allometry: size and shape variables with characterizations of the lognormal and generalized gamma distributions. *Journal of the American Statistical Association.* **65**: 930-945.

Murphy, A. M. C., 2005. The femoral head: sex assessment of prehistoric New Zealand Polynesian skeletal remains. *Forensic Science International.* **154**: 210-213.

Neves, W. A., Powell, J. F., y Ozolins, E. G., 1999. Extra-continental morphological affinities of Palli Aike, Southern Chile. *Interciencia*. **24**: 258-263.

Neves, W. A., Prous, A., González-José, R., Kipnis, R., y Powell, J., 2003. Early Holocene human skeletal remains from Santana do Riacho, Brazil: implications for the settlement of the New World. *Journal of Human Evolution*. **45**: 19-42.

Newman, M. T., 1953. The application of ecological rules to the racial anthropology of the aboroginal new world. *American Anthopologist*. **55**: 311-327.

Nieto Amada, J. L., Gonzalez Perez, A., y Rubio Calvo, E., 1992. Determinación del origen sexual de fémures humanos aislados mediante técnicas de análisis estadístico multivariante. *Munibe(Antropología- Arkeología)*. **8**: 249-254.

Nieto, M. y Prieto, A., 1987. Análisis palinológico del Holoceno tardío del sitio fortín Necochea (Partido de Gral. La Madrid, Provincia de Buenos Aires, Argentina). *Ameghiniana*. **24**: 271-276.

Norgard, E. A., Roseman, C. C., Fawcett, G. L., Pavlicev, M., Morgan, C. D., Pletscher, L. S., Wang, B., y Cheverud, J. M., 2008. Identification of Quantitative Trait Loci Affecting Murine Long Bone Length in a Two-Generation Intercross of LG/J and SM/J Mice. *Journal of Bone and Mineral Research*. **23** (6): 887-895.

Ortiz Troncoso, O., 1972. Material lítico de Patagonia Austral. Seis yacimientos de superficie. *Anales del Instituto de la Patagonia. Serie Ciencias Humanas*. **3**: 49-82.

Oxnard, C., 1983. Sexual dimorphisms in the overall proportions of primates. *American Journal of Primatology*. **4**: 1-22.

Oyhenart, E. E., Muñe, M. C., y Pucciarelli, H. M., 1996. Influencia de la malnutrición intrauterina tardía sobre el crecimiento corporal y el desarrollo craneofacial al nacimiento. *Revista Argentina de Antropología Biológica*. **1** (1): 113-126.

Oyhenart, E. E., Torres, M. F., Pucciarelli, H. M., y Dahinten, S., 2000. Growth and sexual dimorphism in aborigines from Chubut (Argentina). I: Body analysis. *Acta Medica Auxologica. Masson*. **32**: 105-113.

Paez, M. y Prieto, A., 1993. Paleoenvironmental reconstruction by pollen analysis from loess 125 sequences of the Southeast Buenos Aires (Argentina). *Quaternary International*. **17**: 21-26.

Panarello, H., Barrientos, G., Cagnoni, M., Tessone, A., Zangrando, A., y Goñi, R., 2006. Relaciones $^{87}Sr/^{86}Sr$ en Restos humanos del Holoceno tardío de la cuenca del lago Salitroso: primeros resultados. Trabajo presentado en el Taller de Arqueología e isótopos estables en el sur de Sudamérica. Discusión e integración de resultados.

Pardiñas, U., 1995. Novedosos cricétidos (Mamamlia, Rodentia) en el Holoceno de la región pampeana. *Ameghiniana*. **32**: 197-203.

Pardiñas, U. y Tonni, E. P., 1996. El primer vampiro fósil de la Argentina (Mammalia, Chiroptera). Significación paleoambiental. *Resúmenes XII Jornadas Argentinas de Paleontología de Vertebrados*.: 63-64.

Paul, C., 1982. The adequacy of the fossil record. En: *Problems of phylogenetic reconstruction*, K. Joysey y A. Friday (eds.). London: Academic Press, 75-117, London.

Pavlicev, M., Kenney-Hunt, J., Norgard, E. A., Roseman, C. C., Wolf, J., y Cheverud, J. M., 2008. Genetic variation in pleiotropy: Differential epistasis as a source of variation in the allometric relationship between long bone lengths and body weight. *Evolution*. **62** (2): 199-213.

Pearson, O. M., 2000. Activitate, climate, and postcranial robusticity. *Current Anthropology*. **41** (4): 569-607.

Pearson, O. M. y Millones, M., 2005. Rasgos esqueletales de adaptación al clima y la actividad entre los habitantes aborígenes de Tierra del Fuego. *Magallania*. **33** (1): 37-50.

Peres-Neto, P., 2006. A unified strategy for estimating and controlling spatial, temporal and phylogenetic autocorrelation in ecological models. *Oecologia brasiliensis*. **10** (1): 105-119.

Perez, S. I., 2006. *El poblamiento holocénico del Sudeste de la Región Pampeana: un estudio de morfometría geométrica craneofacial*. Facultad de Ciencias Naturales y Museo. Universidad Nacional de La Plata. Tesis Doctoral inédita, N°897, La Plata. 138 pp.

Pfeiffer, S. y Sealy, J. C., 2006. Body size among Holocene Foragers of the Cape Ecozone, Southern Africa. *American Journal of Physical Anthropololgy*. **129**: 1-11.

Phenice, T., 1969. A newly developed visual methods of sexing os pubis. *American Journal of Physical Anthropololgy*. **30**: 297-301.

Pigafetta, A., 2004. *Primer viaje alrededor del mundo*. El Elefante Blanco, Buenos Aires. Fecha original de publicación: 1520.

Podgorny, I., 2002. "Ser todo y no ser nada": paleontología y trabajo de campo en la Patagonia Argentina a fines del siglo XIX. En: *Historias y estilos de trabajo de campo en la Argentina*, S. Visacovsky y R. Guber (eds.). Antropofagia, 31-77, Buenos Aires.

Politis, G., Tonni, E., y Fidalgo, F., 1983. Cambios corológicos de algunos mamíferos en el área interserrana de la provincia de Buenos Aires durante el Holoceno. *Ameghiniana*. **20**: 72-80.

Politis, G. G., 1984. Investigaciones arqueológicas en el área Interserrana Bonaerense. *Etnía*. **32**: 7-52.

Politis, G. G. y Madrid, P., 2001. Arqueología pampeana: estado actual y perspectivas. En: *Historia Argentina Prehispánica*, E. Berberian y A. Nielsen (eds.). Editorial Brujas, 737-814, Córdoba.

Powell, J. F. y Neves, W. A., 1999. Craniofacial morphology of the first Americans: pattern and process in the peopling of the New World. *Yearbook of Physical Anthropology*. **42**: 153-188.

Prentice, A., 2001. The relative contribution of diet and genotype to bone development. *Proceedings of the Nutrition Society*. **60**: 45-52.

Prieto, A., 1996. Late quaternary vegetational and climatic changes in the Pampa Grassland of Argentina. *Quaternary Research*. **45**: 73-88.

Prieto, A., 1988. Geología del cuaternario en el área de Cabo Negro, Estrecho de Magallanes, Chile. *Anales del Instituto de la Patagonia. Serie Ciencias Naturales*. **18**: 35-41.

Prieto, A., 1993-1994. Algunos datos en torno a los enterratorios humanos de la región continental de Magallanes. *Anales del Instituto de la Patagonia. Serie Ciencias Humanas*. **22**: 91-100.

Pucciarelli. H M y Oyhenart, E. E., 1987. Effects of maternal food restriction during lactation on craniofacial growth in weanling rats. *American Journal of Physical Anthropology*. **72**: 67-75.

Pucciarelli, H. M., Oyhenart, E. E., y Muñe, M. C., 1983. Alterations in protein and mineral contents of rat skull bones, evoked by different protein levels of the diet. *Acta Anatomica*. **117**: 331-338.

Pucciarelli, H. M., Sardi, M. L., Jimenez López, J. C., y Serrano, C., 2003. Early peopling and evolutionary diversification in America. *Quaternary International*. **109-110C**: 123-132.

Pucciarelli, H. M., González-José, R., Neves, W. A., Sardi, M. L., y Rozzi, F. R., 2008. East-West cranial differentiation in pre-Columbian populations from Central and North America. *Journal of Human Evolution*. **54** (3): 296-308.

Quintero, F. A., Orden, A. B., Fucini, M. C., Oyhenart, E. E., y Guimarey, L. M., 2005. Bone growth in IUGR rats treated with growth hormone: a multivariate approach. *European Journal of Anatomy*. **9** (3): 149-154.

Quintero, F. A., 2008. *Efecto del retardo prenatal de crecimiento sobre el crecimiento postnatal de ratas. Influencia de las hormonas de crecimiento y sexuales*. Facultad de Ciencias Naturales y Museo. Universidad Nacional de La Plata. Tesis Doctoral inédita, N°897, La Plata. 269 pp.

Ramachandran, S., Deshpande, O., Roseman, C. C., Rosenberg, N. A., Feldman, M. W., y Cavalli-Sforza, L. L., 2005. Support from the relationship of genetic and geographic distance in human populations for a serial founder effect originating in Africa. *Proceedings of the National Academy of Sciences. USA*. **102**: 15942-15947.

Raxter, M. H., Auerbach, B. M., y Ruff, C. B., 2006. Revision of the Fully Technique for Estimating Statures. *American Journal of Physical Anthropology*. **130**: 374-384.

Relethford, J. H., 1994. Craniometric variation among modern human populations. *American Journal of Physical Anthropology*. **95**: 53-62.

Relethford, J. H., 2004. Global patterns of isolation by distance based on genetic and morphological data. *Human Biology*. **76**: 499-513.

Reno, P. L., Meindl, R. S., McCollum, M. A., y Lovejoy, C. O., 2003. Sexual dimorphism in *Australopithecus afarensis* was similar to that of modern humans. *Proceedings of the National Academy of Sciences*. **100**: 9404-9409.

Rhode, R A, 2007. Gallery of temperature change data. http://www.globalwarmingart.com/wiki/Temperature_Gallery. Fecha de acceso: 12/March/2009

Richstmeier, J. T., Deleon, V. B., y Lele, S. R., 2002. The promise of geometric morphometrics. *Yearbook of Physical Anthropology*. **45**: 63-91.

Riesenfeld, A., 1973. The effect of extreme temperatures and starvation on the body proportions of the rat. *American Journal of Physical Anthropology*. **39**: 427-60.

Riesenfeld, A., 1976. Endocrine control of postcranial body proportions An experimental study of allometry. *Acta Anatomica*. **94**: 321-335.

Riesenfeld, A., 1978. Functional and hormonal control of pelvic width in the rat. *Acta Anatomica*. **102**: 427-432.

Riesenfeld, A., 1981. The role of body mass in thermoregulation. *American Journal of Physical Anthropology*. **55**: 95-99.

Roberts, D. F., 1953. Body Weight, Race and Climate. *American Journal of Physical Anthropology.* **11** (4): 533-558.

Roseman, C. C., 2004. Detecting interregionally diversifying natural selection on modern human cranial form by using matched molecular and morphometric data. *Proceedings of the National Academy of Sciences. USA.* **101**: 12824-12829.

Rothhammer, F. y Silva, C., 1990. Craniometrical variation among south American prehistoric populations: climatic, altitudinal, chronological and geographic contributions. *American Journal of Physical Anthropology.* **82**: 9-17.

Rubin, D., 1987. *Multiple imputation for nonresponse in surveys.* John Wiley, New York.

Ruff, C. B., 1990. Body mass and hindlimb bone cross-sectional and articular dimensions in anthropoid primates. En: *Body size in mammalian paleobiology: estimation and biological Implications*, J. Damuth y B. J. MacFadden (eds.). Cambridge University Press, 119-149, New York.

Ruff, C. B., 1991. Climate and body shape in hominid evolution. *Journal of Human Evolution.* **21**: 81-105.

Ruff, C. B., 1993. Climatic adaptation and hominid evolution: The thermoregulatory imperative. *Evolutionary Anthropology.* **2** (2): 53-60.

Ruff, C. B., 1994. Morphological adaptation to climate in modern and fossil hominids. *Yearbook of Physical Anthropology.* **37**: 65-107.

Ruff, C. B., 2003. Ontogenetic adaptation to bipedalism: age changes in femoral to humeral length and strength proportions in humans, with a comparison to baboons. *Journal of Human Evolution.* **45**: 317-349.

Ruff, C. B., 2005. Mechanical determinants of bone form: Insights from skeletal remains. *Journal of Musculoskelet Neuronal Interact.* **5** (3): 202-212.

Ruff, C. B. y Hayes, W. C., 1988. Sex differences in agerelated remodeling of the femur and tibia. *J. Orthop. Res.* **6**: 886-896.

Ruff, C. B., Holt, B., y Trinkaus, E., 2006. Who´s afraid of the big bad wolff?: "Wolff´s law" and bone functional adaption. *American Journal of Physical Anthropololgy.* **129**: 484-498.

Ruff, C. B., Scott, W. W., y Liu, A. Y. C., 1991. Articular and Diaphyseal Remodeling of the Proximal Femur With Changes in Body Mass in Adults. *American Journal of Physical Anthropololgy.* **86**: 397-413.

Ruff, C. B., Trinkaus, E., y Holliday, T. W., 1997. Body mass and encephalization in Pleistocene Homo. *Nature.* **387**: 173-176.

Ruff, C. B., Trinkaus, E., Walker, A., y Larsen, C. S., 1993. Postcranial robusticity in *Homo*, I: Temporal trends and mechanical interpretation. *American Journal of Physical Anthropololgy.* **91**: 21-53.

Ruff, C. B., Walker, A., y Teaford, M. F., 1989. Body mass, sexual dimorphism and femoral proportions of Proconsul from Rusinga and Mfangano Islands, Kenya. *Journal of Human Evolution.* **18**: 515-536.

Ruff, C. B., Walker, A., y Trinkaus, E., 1994. Postcranial robusticity in *Homo*. III: Ontogeny. *American Journal of Physical Anthropololgy.* **93**: 35-54.

Sacur Silvestre, R., 2004. Análisis de rastros de uso en lascas de filo natural del sitio arqueológico Anahí. En: *Aproximaciones contemporáneas a la arqueología pampeana. Perspectivas teóricas, metodológicas, analíticas y casos de estudio*, G. Martínez, M. Gutierrez, R. Curtoni, M. A. Berón, y P. Madrid (eds.). UNCPBA, Facultad de Ciencias Sociales, 183-203, Olavarría.

Salceda, S. A. y Méndez, M. G., 1990. Los restos óseos de Paso Vanoli (Provincia de Buenos Aires). *Archeion.* **3**: 3-23.

Salceda, S. A., Méndez, M. G., Castro, A. S., y Moreno, J. E., 1999-2001. Enterratorios indígenas de Patagonia: el caso del sitio Heupel-Caleta Olivia Santa Cruz (Argentina). *Xama.* **12-14**: 161-171.

Sanguinetti de Bórmida, A., 1999. Proyecto Nordpatagonia. Arqueología de la costa septentrional. *Separata de Anales de la Academia Nacional de Ciencias de Buenos Aires.*

Sardi, M. L., 2002. *Diferenciación craneofacial en aborígenes de la Patagonia y su relación con grupos americanos y extra-americanos*. Facultad de Ciencias Naturales y Museo. Universidad Nacional de La Plata. Tesis Doctoral inédita, N°784, La Plata. 246 pp.

Sardi, M. L., Novellino, P., y Pucciarelli, H. M., 2006. Craniofacial morphology in the Argentine center-west: consequences of the transition to food production. *American Journal of Physical Anthropology.* **130**: 333-343.

Sardi, M. L., Ramírez-Rozzi, F., y Pucciarelli, H. M., 2004. The Neolithic transition in Europe and North Africa. The functional craneology contribution. *Anthropologischer Anzeiger.* **62**: 120-145.

Schafer, J. L., 1997. *Analysis of Incomplete Multivariate Data*. Chapman & Hall, London.

Schafer, Joseph L., 1999. NORM: Multiple imputation of incomplete multivariate data under a normal model, version 2.03. Software for Windows 95/98/NT. http://www.stat.psu.edu/~jls/misoftwa.html.

Schafer, J. L. y Graham, J. W., 2002. Missing data: Our view of the state of the art. *Psychological Methods.* **7**: 147-177.

Schafer, J. L. y Olsen, M. K., 1998. Multiple imputation for multivariate missing-data problems: a data analyst's perspective. *Multivariate Behavioral Research.* **33**: 545-571.

Schoenau, E., 2006. Bone Mass Increase in Puberty: What Makes It Happen? *Hormone Research.* **65** (2): 2-10.

Schreider, E., 1950. Geographical distribution of the body-weight/body-surface ratio. *Nature.* **165**: 286.

Schreider, E., 1951. Anatomical factors of body-heat regulation. *Nature.* **167**: 823-824.

Schreider, E., 1964. Ecological rules, body heat regulation and human evolution. *Evolution.* **18** (1): 1-9.

Schurr, T. G., 2004. The peopling of the New World: Perspectives from molecular anthropology. *Annual Review of Anthropology.* **33**: 551-583.

Schurr, T. G. y Sherry, S. T., 2004. Mitochondrial DNA and Y chromosome diversity and the peopling of the Americas: evolutionary and demographic evidence. *American Journal of Human Biology.* **16**: 420-439.

Schäbitz, F., 2003. Estudios polínicos del Cuaternario en las regiones áridas del sur de Argentina. *Revista del Museo Argentino de Ciencias Naturales (N.S.).* **5**: 291-299.

Scolni de Kliman, E., 1938. Sobre las características del fémur en varios grupos indígenas argentinos. *Physis.* **44**.

Serrat, M., 2007. *Environmentally-determined tissue temperature modulates extremity growth in mammals: a potential comprehensive explanation of allen's rule.* Kent State University, 187 pp. pp.

Serrat, M., King, D., y Lovejoy, C. O. 2006. Effects of temperature on skeletal growth in mice. *The Physiologist* **49**, C1-35 (abstract).

Serrat, M., King, D., y Lovejoy, C. O., 2008. Temperature regulates limb length in homeotherms by directly modulating cartilage growth. *Proceedings of the National Academy of Sciences.* **105** (49): 19347-19352.

Sherwood, R. J., Duren, D. L., Demerath, E. W., Czerwinski, S. A., Siervogel, R. M., y Towne, B., 2008. Quantitative genetics of modern human cranial variation. *Journal of Human Evolution.* **54**: 909-914.

Sjovold, T., 1990. Estimation of stature from long bones utilizing the line of organic correlation. *Human Evolution.* **5**: 431-447.

Slatkin, M., 1987. Gene flow and the geographic structure of natural populations. *Science.* **236** (4803): 787-792.

Slatkin, M., 1993. Isolation by distance in equilibrium and non-equilibrium populations. *Evolution.* **47** (1): 264-279.

Snodgrass, J. J., Leonard, W. R., Tarskaia, L. A., Alekseev, V. P., y Krivoshapkin, V. G., 2005. Basal Metabolic Rate in the Yakut (Sakha) of Siberia. *American Journal of Human Biology.* **17**: 155-172.

Sokal, R. R. y Crovello, T. J., 1970. The Biological Species Concept: A Critical Evaluation. *The American Naturalist.* (963): 127-153.

Sokal, R. R. y Rohlf, F. J., 1979. *Biometría.* 832 pp.pp. H. Blume Ediciones, Madrid.

Soprano, G., 2007. Política, instituciones y trayectorias académicas en la universidad argentina. Antropólogos y antropología en la Universidad Nacional de La Plata entre las décadas de 1930 y 1960. V Encuentro Nacional y II Latinoamericano La Universidad como objeto de investigación.

Sparacello, V. y Marchi, D., 2008. Mobility and subsistence economy: A diachronic comparison between two groups settled in the same geographical area (Liguria, Italy). *American Journal of Physical Anthropololgy.* **136**: 485-495.

Spegazzini, C., 1882. Costumbres de los habitantes de Tierra del Fuego. *Anales de la Sociedad Científica Argentina.* **14**: 172-173.

Steele, J. y Politis, G. G., 2008. AMS 14C dating of early human occupation of southern South America. *Journal of Archaeological Science.* **36** (2): 419-429.

Stefan, V., 2004. Assessing intrasample variation: Analysis of Rapa Nui (Easter Island) museum cranial collections example. *American Journal of Physical Anthropololgy.* **124**: 45-58.

Stegmann, R., 1904. Knochensystemerkrankungen südamerikanischer Indianer (mit Berücksichtigung altperuanischer Vasen). Rassenpathologische Studie aus dem Nationalmuseum zu La Plata. *Mitteilungen der Anthropologischen Gesellschaft in Wein.* **34**: 68-89.

Steppan, S., Phillips, P., y Houle, D., 2002. Comparative quantitative genetics: evolution of the G matrix. *Trends in ecology and evolution.* **17**: 320-327.

Stine, S., 1994. Extreme and persistent drought in California and Patagonia during mediaeval time. *Nature.* **369**: 546-549.

Stine, S. y Stine, M., 1990. A record from Lake Cardiel of climate in southern South America. *Nature.* **345**: 705-708.

Stinson, S., 1990. Variation in body size and shape among South American Indians. *American Journal of Human Biology.* **2**: 37-51.

Stock, J. y Pfeiffer, S., 2001. Linking structural variability in long bone diaphyses to habitual behaviors: foragers from the Southern African Later Stone Age and the Andaman Islands. *American Journal of Physical Anthropology.* **115**: :337-348.

Stock, J. y Pfeiffer, S., 2004. Long bone robusticity and subsistence behaviour among Later Stone Age foragers of the forest and fynbos biomes of South Africa. *Journal of Archaeological Science.* **31**: 999-1013.

Stock, J. T., 2002. *Climatic and behavioural influences on postcranial robusticity among holocene foragers.* University of Toronto,

Stock, J. T., 2006. Hunter-Gatherer Postcranial Robusticity Relative to Patterns of Mobility, Climatic Adaptation, and Selection for Tissue Economy. *American Journal of Physical Anthropololgy.* **131**: 194–204.

Strelin, J., Casassa, G., Rosqvist, G., y Holmlund, P., 2008. Holocene glaciations in the Ema Glacier valley, Monte Sarmiento Massif, Tierra del Fuego. *Palaeogeography, Palaeoclimatology, Palaeoecology.* **260**: 299-314.

Stringer, C. B. y Andrews, P., 1988. Genetic and fossil evidence for the origin of modern humans. *Science.* **239**: 1263-1268.

Stynder, D. D., Ackermann, R. R., y Sealy J C, 2007. Craniofacial variation and population continuity during the South African Holocene. *American Journal of Physical Anthropology.* **489-500**: 134.

Suby, J. A., 2006. Estudio metodológico-comparativo de densidad mineral ósea de restos humanos por Absorciometría Fotónica (DXA). *Intersecciones en Antropología.* **7**: 277-285.

Temple, D. H., Auerbach, B. M., Nakatsukasa, M., Sciulli, P. W., y Larsen, C. S., en prensa. Variation in limb proportions between Jomon foragers and Yayoi agriculturalists from prehistoric Japan. *American Journal of Physical Anthropololgy.*

Tessone, A., Zangrando, A. F., Barrientos, G., Goñi, R., Panarello, H., y Cagnoni, M., 2009. Stable isotope studies in the Salitroso Lake Basin (Southern Patagonia, Argentina): assessing diet of Late Holocene hunter-gatherers. *International Journal of Osteoarchaeology.* **19**: 297-308 .

Tonni, E. P., Cione, A. L., y Figini, A. J., 1999. Predominance of arid climates indicated by mammals in the pampas of Argentina during the Late Pleistocene and Holocene. *Palaeogeography, Palaeoclimatology, Palaeoecology.* **147**: 257-281.

Torres, L. M., 1911. *Los Primitivos Habitantes del Delta del Paraná.* Biblioteca Centenaria, Universidad Nacional de La Plata, Buenos Aires.

Torres, L. M., 1921. Memoria del Museo de La Plata correspondiente al año 1920. *Revista del Museo de La Plata.* **25** (281): 367-381.

Torres, L. M., 1922. Arqueología de la Península San Blas (Provincia de Buenos Aires). *Revista del Museo de La Plata.* **26**: :473-532.

Torres, L. M. y Ameghino, C., 1913. Informe preliminar sobre las investigaciones geológicas y antropológicas en el litoral Marítimo Sur de la provincia de Buenos Aires. *Revista del Museo de La Plata.* **20**: 153-157.

Trinkaus, E., 1981. Neanderthal limb proportions and cold adaptation. En: *Aspects of human evolution*, C. B. Stringer (ed.). Taylor & Francis, 187-224, London.

Trotter M , 1970. Estimation of stature from intact long limb bones. En: *Personal Indentification in Mass Disasters*, Stewart TD (ed.). Smithsonian Institute, 71-83, Washington.

Varela, H. H., Cocilovo, J., y Guichón, R. A., 1993-1994. Evaluación de la información somatométrica por Gusinde sobre los aborígenes de Tierra del Fuego. *Anales del Instituto de la Patagonia. Serie Ciencias Humanas.* **22**: 193-205.

Vignati, M. A., 1931. Investigaciones antropológicas en el litoral marítimo subatlántico bonaerense. *Notas Preliminares del Museo de La Plata.* **1**: 19-31.

Vignati, M. A., 1960. El indigenado de la provincia de Buenos Aires. *Anales de la Comisión de Investigación Científica CIC/A.* **1**: 95-182.

Villagra Cobanera, M. E., 1945. Viaje de recolección antropológica por la Gobernación de Chubut. *Revista del Museo de La Plata. (Nueva Serie).*: 86-91.

Villalba, R., 1990. Climatic fuctuations in Northern Patagonia during the last 1000 years as inferred from tree-ring records. *Quaternary Research.* **34**: 346-360.

Villalba, R., 1994. Tree-ring and glacial evidence for the medieval warm epoch and the Little Ice Age in Southern South America. *Climate Change.* **26**: 183-197.

Waddington, C. H., 1942. Canalisation of development and the inheritance of acquired characters. *Nature.* **563-564**: 150.

Washburn, S. L., 1951. The new physical anthropology. *Transactions of the New York Academy of Science.* **13** (2d Series): 298-304.

Washburn, S. L., 1953. The strategy of physical anthropology. En: *Anthropology today: An encyclopedic inventory*, A. I. Kroeber (ed.) . University of Chicago Press, 714-727, Chicago .

Weaver, M. E. y Ingram, D. L., 1969. Morphological changes in swine associated with environmental temperature. *Ecology*. **50** (4): 710-713.

Weiner, J. S., 1964. The Human Adaptability Project. *Current Anthropology*. **5**: 191-195.

Wescott, D. J. y Cunningham, D. L., 2006. Temporal changes in Arikara humeral and femoral cross-sectional geometry associated with horticultural intensification. *Journal of Archaeological Science*. **33**: 1022-1036.

Winter, P. C., Hickey, G. I., y Fletcher, H. L., 2002. *Instant Notes in Genetics*. Instant notes series. BIOS Scientific Publishers, Oxford.

Wolpoff, M. H., Wu, X. Z., y Thorne, A. G., 1989. Modern *Homo sapiens* origins: a general theory of hominids involving the fossil evidence from East Asia. En: *The origins of modern human: a world survey of the fossil evidence*, A. R. Liss (ed.)., 411-483, New York.

Wright, S., 1932. The roles of mutation, inbreeding, crossbreeding, and selection in evolution. *Proceedings of the Sixth International Congress of Genetics*. **1**: 356-366.

Wright, S., 1943. Isolation by distance. *Genetics*. **28**: 114-138.

Wu, R., Ma, C. X., Lou, X. Y., y Casella, G., 2003. Molecular Dissection of Allometry, Ontogeny, and Plasticity: A Genomic View of Developmental Biology. *BioScience*. **53** (11): 1041-1047.

Yasar I˙scan, M., 2005. Forensic anthropology of sex and body size. *Forensic Science International*. **147**: 107-112.

Zar, J. H., 1999. *Biostatistical Analysis*. 662pp. Prentice Hall, Old Tappan, New Jersey.

Zárate, M., 1998. Late Pleistocene-Holocene history of Pampa Interserrana, Argentina. *Bamberger Geographishe Schriften*. **15**: 101-108.

www.ingramcontent.com/pod-product-compliance
Lightning Source LLC
Chambersburg PA
CBHW061545010526
44113CB00023B/2806